HORS ANTENNE

Un livre édité par
CLAUDE GLAYMAN

DU MÊME AUTEUR

La Chaîne
roman, éditions Jean-Claude Lattès (1979)

Novembre des amours
roman, éditions Jean-Claude Lattès (1984)

MICHEL DRUCKER

HORS ANTENNE

Conversation
avec Maurice Achard

CALMANN-LÉVY

ISBN 2-7021-1663-9

Imprimé en France

A mon père.

Je suis né deux fois.

La première à Vire, en basse Normandie.

La seconde à Cognacq-Jay, capitale de la télévision.

Le succès n'ayant pas voulu de moi, dans les études, le petit écran s'est occupé de ma rcvanche.

Voilà, en deux mots, mon histoire. Voilà, pour répondre à votre question, comment l'on devient Michel Drucker. Ou, plus exactement, comment je suis devenu Michel Drucker : en m'y prenant à deux fois.

Je pourrais même dire, pour jouer avec le langage audiovisuel, qu'il m'a fallu deux prises avant de tenir mon rôle. La première, le 12 septembre 1942 à Vire, n'était pas satisfaisante.

Vire... Qui ne connaît pas Vire ? Qui n'a pas lu, sur un menu, « andouille de Vire » ? A Vire, l'andouille, c'est comme le nougat à Montélimar. Et j'ai fait l'andouille, les quatre-cents coups, parce que mon vrai bonheur, c'était l'extérieur de l'école. Mes copains, c'étaient ceux de la rue, des petits garnements du coin qui me collaient tout sur le dos sous prétexte que j'étais le fils d'un médecin réputé de la ville, le docteur Drucker, et que ça les « couvrait ». Ils me mouillaient systématiquement...

J'ai été attiré très tôt par les « marginaux », par ceux qui, comme moi, ne faisaient pas partie des bons élèves. Par solidarité. On est plus au chaud avec des gens qui vous ressemblent. Je me sentais proche de tous ceux qui n'allaient pas faire de longues études, des fils de gens modestes, d'ouvriers, d'agriculteurs, ou des pas doués. Etait-ce mon premier contact d'homme de télévision avec « tout le monde », le public, sans le savoir ?

La nuit, on déplaçait les voitures des bourgeois, pour qu'ils ne les retrouvent pas le lendemain. Deux ou trois cents mètres, le frein à main desserré. Rien de méchant... On a fini par se faire piquer et... en taule, où mon père m'a laissé une partie de la nuit. Pour m'apprendre...

Ou bien on balançait des boules puantes dans les

bars-tabacs. Ou bien, certains soirs, on tournait les aiguilles de la grande horloge de la ville, en grimpant dans le donjon. On les avançait d'une heure, pour que le temps passe plus vite... Du temps, j'en ai beaucoup perdu dans ma jeunesse. Je suis un rescapé. Mes études, je ne les ai commencées qu'à 22 ans, à la télévision. C'est là que j'ai fait mes classes. En direct. Loin de cette Normandie où il n'y avait pas beaucoup de débouchés, pas beaucoup de ciel bleu si j'ose dire...

La Normandie de mon enfance est pluvieuse. J'y entends constamment parler de réussite mais moi, je m'y ennuie. J'espère en partir un jour. Pour filer où ? Peu importe. Rien que d'aller à Caen est un événement. Paris est à l'autre bout du monde. Cette Normandie est celle des années cinquante, celle d'une France qui se reconstruit. La campagne est encore balzacienne, ou si vous préférez, elle ressemble à du Maupassant. Enfin, le fait que cette Normandie soit grise et qu'elle favorise la bronchite n'arrange rien. La bronchite sous ciel couvert, ça favorise l'angoisse... Je sens qu'ici plus qu'ailleurs, mieux vaut être passionné par son métier ou bon élève, que oisif. Moi, ma seule passion, celle qui me reste, c'est le sport. J'ignore que l'encyclopédie sportive et vivante que je représente à l'époque me servira plus tard, me permettra de devenir un honnête reporter pendant dix ans. Ce que je n'ignore pas, en revanche, c'est que mon autre passion, la médecine, se porte bien mal... Mon rêve d'être médecin, tout premier rêve d'enfant avant celui d'être joueur de foot, est bel et bien compromis. Le rêve de succéder à mon père est derrière moi alors que j'ai à peine quinze ans.

C'est un drame. Pour moi comme pour lui qui me voyait grand chirurgien. Jusqu'à mes treize-quatorze ans, il y a cru, parce que son métier me fascinait. Je ne quittais pas mon père d'une semelle dès que j'avais terminé mes devoirs... J'adorais l'accompagner dans sa visite des fermes ou à la maternité. « Je m' voyais déjà » avec un stéthoscope... Malheureusement, il a vite fallu déchanter.

Mes parents accusèrent d'autant plus le coup que, comme beaucoup d'immigrés d'Europe Centrale ayant choisi la France, séduits par la France, ils souhaitaient que leurs enfants réussissent mieux qu'eux, sans exception. Mon père était d'origine roumaine, ma mère est d'origine autrichienne, ils sont arrivés en France avant la Seconde Guerre mondiale. Mon père voulait que ses fils aillent plus loin que lui, deviennent internes des hôpitaux, fassent l'E.N.A., soient sous-préfets, préfets, des choses comme ça. Vous savez, les juifs d'Europe Centrale sont assez différents de ceux d'Afrique du Nord quand il s'agit de réussite sociale. Pour les juifs d'Afrique du Nord, la réussite, c'est souvent une aptitude certaine à l'art du commerce. Pour les juifs d'Europe Centrale, c'est plutôt devenir grand violoniste, grand écrivain, chercheur ou haut fonctionnaire ; c'est la réussite du savoir, opposée à celle du « mieux comptant financier ». Si j'étais né dans un milieu de commerçants, au sens noble du terme, j'aurais été différent, j'aurais peut-être accepté les propositions de Berlusconi ou de Bouygues. Or, le problème de l'argent n'était pas primordial, chez mes parents. Dans l'esprit de mon père, on ne faisait pas, on ne fait pas « sa » médecine pour « gagner beaucoup », on la fait par vocation sacertodale.

Il voulait donc que ses trois fils deviennent des numéros 1, intellectuellement parlant. Il souhaitait même que l'un d'entre nous, voire deux, prennent son relais, finissent médecins. Mon frère aîné Jean, énarque, aujourd'hui directeur de M6 après avoir été P.-D.G. d'Antenne 2, a fait une année de médecine avant d'abandonner. Sorti très jeune de l'ENA, il a choisi les « Affaires culturelles » et a travaillé dans l'ombre de deux grands ministres de la Culture, André Malraux et Jacques Duhamel. C'est là qu'il a rencontré Jacques Rigault qui lui a ouvert les portes de la CLT, Compagnie luxembourgeoise de télévision. Finalement, c'est mon frère Jacques, mon cadet, qui a été interne des hôpitaux. Il est même devenu un brillant chercheur et a participé à la découverte du vaccin contre l'hépatite B. Il est le directeur scientifique de la Fondation Mérieux, à Paris, et à ce titre, voyage beaucoup, s'occupe des plans de vaccination dans les pays sous-développés du tiers monde, d'Afrique noire, de l'Inde. Mon père, avant de nous quitter en 1983, a pu savourer cela.

Mais c'est vous dire dans quel monde j'ai grandi, pris en sandwich entre deux frères très brillants et sous l'autorité d'un homme qui était un personnage hors série, chaleureux et lutteur. Mon père ne prenait jamais de vacances afin d'être toujours auprès de ses malades, et quand il partait — huit jours de temps en temps au soleil ou à la montagne —, il laissait son téléphone aux mères qui devaient accoucher, pour être prévenu et rentrer aussitôt. Mon père, rien ne l'arrêtait : il a même, à quarante-deux ans, repassé son bac et ses quatrième et cinquième années de médecine pour être en règle administrative avec la France. C'était en 1931 et il avait entrepris ses études sans être naturalisé. Le bac deux fois ! Me faire ça à moi ! Comment ne pas flairer la provocation ? Plus sérieusement, comment ne pas être humilié, dans un tel contexte, par son propre échec scolaire ? Franchement, on ne se débarrasse pas du jour au lendemain de certaines blessures de l'adolescence, de certaines plaies. Ça laisse des traces. Ce fantôme de l'échec hante encore aujourd'hui chaque seconde de ma vie. Cette peur de l'échec m'a rendu anxieux, terriblement inquiet. Une chance, quand même : c'est une inquiétude positive, dans laquelle je puise toute mon énergie. Un inquiet, c'est un paresseux qui travaille plus que les autres...

Sauf qu'à l'époque, je ne suis ni paresseux ni travailleur, je suis allergique à l'école, tout simplement. Cancre n'est pas le mot non plus, bien que je me planque toujours au fond de la classe. Disons que la vue du tableau noir me donne envie de fuir... Et mon retard devient alors le sujet quotidien de conversation en famille. C'est le fameux refrain, qu'ont connu et connaissent bien des jeunes : « Que va-t-on faire de lui ? » On change d'idée tous les ans. Une année, on décide que je serai mousse, l'année suivante artisan chaudronnier... On est tellement découragé de voir à quel point ça ne colle pas qu'on en vient à me demander mon avis. Mais comme je veux la paix, je ne cherche pas à contredire, je laisse mes parents plancher pour moi. Je subis en silence les cours particuliers, j'y ai droit toutes les grandes vacances parce que, bien sûr, j'ai toujours quelque chose à rattraper, un examen en septembre, l'horreur... Pourtant, même le BEPC, je ne l'ai pas décroché !

En fait, l'unique diplôme figurant à mon éblouissant palmarès de lycéen — en dehors du certificat d'études qui, à mon grand désespoir, vient d'être supprimé ! —, c'est celui que j'ai obtenu à Caen, au lycée technique. Un brevet d'enseignement commercial, section sténodactylo, une section où il n'y avait que des filles... Non, je ne l'ai pas encadré ! Ce diplôme certifiait que j'étais capable de prendre 120 mots à la minute. Oui, 120 mots-minute... Ça avait quelque chose qui tenait un peu du record sportif, dit comme ça. 120 mots-minute comme dix secondes au cent mètres. Et rien que pour cela, ce diplôme ne me fut pas complètement indifférent, pas complètement antipathique. Pour le reste, ça me faisait de belles jambes, que de l'avoir en poche ! Ce lycée technique marquait surtout l'ultime étape de mon circuit secondaire, très secondaire...

Auparavant, la dernière tentative pour me faire aller jusqu'au bac avait été le lycée classique d'Honfleur, où j'ai doublé ma seconde puis été viré à la fin du second trimestre.

Je me souviens d'Honfleur...

Le matin, on allait souvent faire de la gym dans un stade qui dominait l'estuaire de la Seine, au sommet de la côte de Grâce, et l'on passait devant une maison, genre joli pavillon, qui était habité, me disait-on, par un grand journaliste, très connu dans le cinéma, dont je n'ai appris le nom qu'un peu plus tard. Il s'agissait d'Henri Jeanson, alors célèbre dialoguiste et chroniqueur de grand talent au *Canard Enchaîné*. Il était au sommet de sa gloire mais je ne mesurais pas bien tout ça. Il descendait tous les jours chercher ses journaux et sa femme le suivait un quart d'heure après : elle l'attendait en voiture pour remonter la côte... Mme Henri Jeanson m'a envoyé une lettre délicieuse suite à la venue d'Arletty dans « Champs-Elysées ». Au cours de l'émission, nous avions parlé de Prévert, de Jeanson et d'Honfleur... Mme Jeanson m'a écrit aussitôt et j'ai repensé à ce pavillon...

A Honfleur, j'apercevais aussi, de temps à autre, Yves Montand, Françoise Sagan, plein de gens célèbres que je m'amusais à reconnaître, sans imaginer qu'un jour je les aurais sur le plateau des « Rendez-vous du dimanche »... Montand avait une maison de campagne, là-bas. Sagan également. C'était en 1957, Honfleur était un peu le Saint-Tropez de la côte normande. Oui, je me souviens d'Honfleur...

Je me souviens de Françoise, fille d'un restaurateur qui était le patron d'une magnifique hostellerie. Elle avait seize ans, elle était assise à côté de moi en classe. La cour de gym donnait sur les cuisines du restaurant. Par-dessus le mur, elle faisait passer quelques provisions nettement supérieures à celles de la cantine. J'étais pensionnaire et je les partageais avec les copains, ces copains avec lesquels je faisais parfois des fugues en stop jusqu'à Deauville... Notre histoire a duré deux trimestres, et la rupture a été assez violente. Ça s'est passé au bout de la jetée... Romantisme d'adolescents qui va bien la faire rire aujourd'hui, si elle tombe sur ces lignes... Ça a fait scandale et c'est comme ça que j'ai été renvoyé du lycée...

Je n'oublierai jamais Honfleur, où la grand-mère de ma future femme, tenait une parfumerie. Dany dansait au « Grenier à sel » et j'aurais pu la rencontrer. Dany avec ses petites couettes et ses quinze ans, qui se promène près du bassin, qu'un inconnu aborde en lui disant : « Voilà, je suis un petit assistant-réalisateur, je voudrais être metteur en scène, je dois passer un examen pour entrer à la télévision, il faut que je réalise une espèce de mini-film de dix minutes », et elle qui répond « oui, bien sûr », alors il lui paie un sandwich et tourne son premier film avec elle, genre « scopitone », l'ancêtre des clips. Cet inconnu s'appelle Claude Lelouch, il a dix-huit ans, je n'invente rien. Et Dany Saval, que j'épouserai une quinzaine d'années plus tard, vient de tenir son premier rôle devant une caméra. Tout ça au bord du bassin d'Honfleur, pas loin du lycée... C'est troublant !

Ma jeunesse a été marquée par une série de coïncidences où les lieux et les « pré-rencontres » ont joué ma vie à pile ou face... Je m'explique.

C'est parce que la fin de mon service militaire s'est déroulée au *TAM — Terre, Air, Mer* — boulevard de la Tour-Maubourg, que je suis passé pour la première fois rue Cognacq-Jay. Si vous connaissez le quartier, la rue Cler est perpendiculaire à la rue Saint-Dominique, à cent mètres de la rue Cognacq-Jay, et c'est dans cette rue Cler que j'étais chargé de poster le courrier du colonel. C'est dans ce périmètre que va germer en moi l'idée d'obtenir l'autorisation de visiter la rédaction sportive de Cognacq... Pour approcher ces journalistes qui, comme moi, connaissent sur le bout du doigt le nom de tous les footballeurs, de tous les coureurs, de tous les athlètes, et se souviennent de tous les résultats. Ces journalistes, je les croise au café Lafon, leur visage m'est déjà familier comme il l'est aux premiers millions de téléspectateurs qui viennent de s'acheter un poste. C'est Sallebert, c'est de Caunes... Le café Lafon ? Il est sur mon chemin, entre *TAM* et la rue Cler. Vous me suivez ?

Autre exemple de coïncidence. Devenu stagiaire à Cognacq, je découvre huit jours après mon arrivée que je suis le voisin de Zitrone, place Clichy, que j'habite juste en face de chez lui. Moi, je loge au-dessus de la grande pharmacie, et lui au-dessus du cinéma Wépler. De ma chambre, je vois l'intérieur de son appartement. « Drucker, me lance-t-il un soir, vous habitez où ? » « Place Clichy », dis-je tranquillement. « Bon, je vous dépose. » Je lui précise que j'ai un solex, il me tend ses clés et je deviens son poisson-pilote, je l'emmène le matin, je le ramène le soir, je range sa voiture, je l'accompagne en dédicace — il est déjà la plus grande star de la télévision —, je sympathise et bientôt j'ai mon rond de serviette, ma bouteille d'eau ainsi que ma bouteille de fortifiant chez lui ! J'en profite, évidemment, pour lui demander conseil sur conseil. « Dans ce métier, me répète-t-il, on réussit quand on a la spécialité de ne pas en avoir. Autrement dit, pour durer, soyez polyvalent, soyez multiple », conseil en or que je ne manquerai pas d'appliquer. Un autre soir, il me demande : « Et votre famille, d'où est-elle ? Et l'on découvre que sa belle-sœur habite à 15 km de Vire...

Ce n'est pas tout. Des concours de circonstances, comme ça, j'en ai plein la mémoire. Pour nos premières vacances à la montagne, mon père avait choisi de nous offrir une semaine à Notre-Dame-de-Bellecombe, en Haute-Savoie. Il s'était saigné aux quatre veines pour nous payer ça, nos premiers sports d'hiver. Petit chalet en famille, dans un coin tranquille. Il était fou de joie, nous aussi. Le grand air, le ski, un petit patelin pas encore envahi, pas de constructions importantes, un seul bar-dancing-salon de thé où les jeunes se retrouvent à partir de 17 heures. Et qui est le barman ? Carlos ! Oui, Carlos, qui a 16 ans, ne sait pas trop ce qu'il va devenir et envisage d'entreprendre des études de kinésithérapeute...

Ce n'est pas tout. Pendant la guerre, il y a des personnes qui nous ont beaucoup aidés. Parmi elles, le directeur du sanatorium de Plémet, petit village des Côtes-du-Nord, près de Saint-Brieuc. Un certain docteur Faget, l'un des meilleurs amis de mon père. Et je suis revenu souvent en vacances, là-bas, où je retrouvais un petit garçon qui était le neveu du vétérinaire du pays, un petit garçon qui allait faire parler de lui, et que j'ai retrouvé par hasard, en avril dernier, lors d'un déjeuner chez Bouygues. C'est Patrick Le Lay ! Le numéro 2 de TF 1. « Alors, m'a-t-il dit, tu ne me tutoies plus ? » Je n'avais pas fait du tout le rapprochement. J'avais pourtant revu Le Lay devant la C.N.C.L. [1]... C'est l'oncle de Patrick qui a sauvé ma mère de la Gestapo à Rennes.

Ce n'est pas tout. Lorsque j'ai reçu ma feuille de route, faute de bénéficier d'un sursis puisque je ne poursuivais pas mes études, mon père est devenu blême. L'ordre de mission indiquait que j'allais faire mon service à Compiègne, mes classes tout au moins, là où il avait été interné pendant l'Occupation ! Encore le hasard qui fait drôlement les choses, non ? Compiègne gare de triage d'où partaient les trains pour la mort, gare dite « camp de Royallieu », dont il a été question au cours du procès Barbie. Mon père a échappé au voyage exterminateur parce qu'on avait besoin de lui comme médecin, sur place, là, à Compiègne. Mais je n'ai jamais voulu qu'il me rende visite à la caserne, pendant les six mois que j'y ai passés.

Bref, le destin, chez moi, ressemble à une carte de géographie. Ma vie s'est écrite très tôt, sans que je le sache, et ça tient en quelques mots, en quelques noms. Cette rue Cler, quand j'y pense...

1. Commission nationale de la communication et des libertés.

Et ça a continué comme ça pendant des années. Quand j'ai rencontré Dany, il y a quinze ans, elle habitait avenue Bosquet à cinquante mètres de Cognacq-Jay. Ensuite, nous nous sommes installés rue de l'Université, où nous sommes toujours, juste en face du bureau qu'occupait Pierre Sabbagh quand j'ai débuté, et nous ne l'avons pas fait exprès. RTL, rue Bayard quand j'anime « La Grande Parade », Europe 1, rue François Ier quand je présente « Studio 1 », Antenne 2, l'avenue Montaigne, « Champs-Elysées », le Pavillon Gabriel, tout ça c'est pareil : ma vie professionnelle et ma vie affective se sont jouées, se jouent entre le pont des Invalides et le pont de l'Alma, dans un quartier d'un kilomètre carré...

En ne s'en tenant qu'à un recoupement précis des lieux qui ont jalonné le début de ma vie, on peut presque raconter la suite. La deviner. Je ne suis peut-être pas le seul dans ce cas, mais avouez que c'est frappant.

C'est comme ces petits boulots que j'ai exercés, ici ou là, entre la fin de mes études — un bien grand mot ! — et mon départ au service militaire. Eh bien, j'ai retrouvé, plus tard, au cours de mes tournées en France pour « RTL c'est vous », chacun de ces endroits où j'avais bossé ! Intacts. Dans ma tête, j'entends la chanson d'Eddy Mitchell *Toujours un coin qui me rappelle*. En traversant à nouveau ces lieux, je prends conscience du chemin parcouru, qui mène des coulisses — de la marge — au devant de la scène. Le grand écart. Les débuts du succès...

Je suis revenu aux Sables-d'Olonne, par exemple, où j'avais fait le moniteur de colonie et le photographe de plage... C'était quelque temps avant mon incorporation. J'avais six mois devant moi et je ne voulais recevoir aucun sou de ma famille. J'ai donc été, d'abord, moniteur d'enfants délinquants, aux Sables où, là encore, j'apprendrai longtemps après que Dany est venue plusieurs fois en vacances, enfin, juste à côté, à la Chaume, chez son grand-père... Les Sables-d'Olonne, l'été, ça ressemble à La Baule ou à Royan, c'est une marée humaine qui défie la mer... Je m'occupais d'une quinzaine de gamins. Quand je les ramenais, en fin d'après-midi, à la colo, ils vidaient leurs poches et me montraient tout ce qu'ils avaient piqué sur la plage. Ma tâche la plus difficile était de les ramener immédiatement pour qu'ils rendent ce qu'ils avaient volé. Vous imaginez...

La même année, en 1962, j'ai ensuite joué au photographe de plage. Le type qui m'avait engagé s'appelait, se faisait appeler, Sammy. Je l'avais convaincu que j'étais un bon photographe alors que j'ignorais tout du fonctionnement d'un appareil. Souvent, mes photos étaient floues et, lorsqu'elles ne l'étaient pas, elles étaient trop nettes, c'est-à-dire que j'avais pris des gens qui n'auraient pas dû se trouver ensemble... Des gens qui venaient chercher les négatifs en gueulant. Je me suis fait jeter...

Alors, l'été achevé, je me suis trouvé une place pendant un mois à Orly, pour nettoyer les avions. Des Caravelles et des Boeing 707. Oui, j'ai fait la femme de ménage, bien qu'il existe un autre nom, le terme exact doit être « personnel d'entretien du bord », ou je ne sais quoi. Vous savez, les petites voitures qui arrivent avec des balais au moment où les voyageurs descendent... On n'y fait pas attention. Ce sont des équipes d'une dizaine de personnes qui envahissent l'avion, le temps d'une escale, le temps de faire le plein, et qui lui refont une beauté interne, si je puis dire... Parce qu'il faut voir l'intérieur, après le voyage ! Je vidais les plateaux-repas, je nettoyais les toilettes, tout ça. J'ai découvert ce que pouvait être le gâchis. Dans un avion de 100 ou 200 passagers qui vient d'atterrir, il y a beaucoup de nourriture non consommée.

J'avais le sentiment de commencer enfin mon apprentissage du réel et que c'était bien plus efficace que d'éplucher des livres ! Nombreux sont ceux qui, avant de réussir, ont dû se taper des petits boulots comme ça. J'en connais des chanteurs qui ont travaillé à la chaîne, chez Renault pendant deux mois, pour se payer une guitare... L'autre jour, j'en parlais avec un nouveau venu très prometteur, Frédéric Chateau, auteur-interprète d'une chanson qui s'intitule *Stop Lucie*. Lui aussi est passé par là... Je trouve ça tout à fait normal et c'est ainsi que je l'ai vécu moi-même. J'étais là, dans ces avions, en compagnie de Maliens, de Turcs, de Portugais, des types qui couchaient chez des marchands de sommeil et qui venaient arranger le désordre laissé par ceux qui avaient les moyens... Ce contraste me donnait une sorte de vertige. Bizarrement, ça n'a pas suscité en moi l'envie de voyager. Simplement, en ce temps-là, j'ai vu combien l'avion fascinait. Oui, comme dans la chanson de Bécaud *Dimanche à Orly*. C'était au début des années soixante... Tous ces gens, sur les terrasses, qui regardaient décoller les Caravelles, qui venaient simplement pour les voir décoller... Grappes de visiteurs du dimanche venant toucher un rêve des yeux...

Depuis, bien sûr, tout cela s'est démocratisé. Mais je ne monte jamais dans un avion sans faire un clin d'œil à ce souvenir, sans jeter un œil vers la petite voiture qui s'éloigne avec à son « bord » des balais, des femmes de ménage, des noirs, des Maliens, des Turcs, des Portugais... Parce que je sais exactement quelle est leur vie.

Ces petits boulots, finalement, je me demande s'ils n'ont pas contribué, plus que tout, à forger ce que je suis aujourd'hui. Ces petits boulots, ils sont à mettre sur le même plan que la jeune Cambodgienne recueillie vingt ans plus tard par Dany et moi, ou que la période durant laquelle j'ai été visiteur de prison, ou que cette campagne contre la faim à laquelle j'ai prêté mon nom pour la deuxième fois, ou que cet amour des animaux qui a poussé Dany à devenir inspectrice de la S.P.A. Tout ça se tient, même aligné en vrac. Et tout ça nous ramène à la médecine. Quel est le métier où l'on respecte le plus son prochain, sinon celui de médecin ? Choisir pour profession et pour vie de soigner, de s'occuper des autres... Profession de foi... La noblesse même.

La meilleure manière de se donner, de s'engager, de militer, ce n'est pas avec des mots, c'est par des actes. Pardonnez la banalité de ce propos mais j'y tiens. Je sais que bien d'autres ont enfoncé cette porte ouverte avant moi. Mais c'est très important. C'est lié, d'une certaine façon, à l'engagement politique, et en même temps c'est tout le contraire. J'ai énormément de mal à faire un choix entre l'attitude de droite et l'attitude de gauche. Ce clivage-là ne m'intéresse pas, parce qu'il n'est affaire, justement, que de discours.

Pour cette même raison, je ne veux pas trop parler de ces initiatives que nous avons prises, Dany et moi. Ces choses-là, on ne les fait pas pour qu'elles se sachent. Je les ai toujours passées sous silence par souci de cohérence. Les actes, oui, les paroles... Cette jeune Cambodgienne, par exemple, il était très important de la protéger de mon environnement professionnel, pour elle bien sûr, et pour qu'on ne m'accuse pas de vouloir tirer profit de sa présence, côté image de marque. Les grandes causes humanitaires sont tellement à la mode... Elle a vingt-cinq ans, maintenant. Elle a vécu à la maison puis trouvé un travail. Elle est première main chez Cardin, elle a entre les doigts des robes de princesse, elle est formidable.

Oui, j'ai également essayé d'être visiteur de prison. Mais un problème s'est posé, du fait de mon statut public. Ça semait plus la perturbation qu'autre chose, c'était un véritable handicap. Tous les jeunes détenus voulaient me rencontrer, voulaient que je m'occupe d'eux. C'était à Bois-d'Arcy, en 1979-1980. Je recommencerai un jour, en m'y prenant autrement, parce que l'univers carcéral m'intéresse. Il y croupit des gosses encore récupérables, j'en ai la conviction, des gosses auxquels je voudrais apporter un peu de réconfort. La frontière entre le « normal » et ce qui ne l'est pas, entre le « sociable » et celui qui ne l'est pas, cette frontière est si fragile, si infime... On peut tous, à un instant de notre vie, commettre le « répréhensible » et aller en prison. Alors...

Le service militaire avait, lui aussi, nourri en moi cette attention à l'égard de toutes les destinées, de toutes les différences. Bel échantillon ! On trouve de tout, à l'armée, vous le savez bien... La preuve : c'est grâce à elle que j'ai découvert la solution à mes problèmes, en arpentant le trottoir de la rue Cognacq-Jay... J'étais en train de me dire, entre *TAM* et la rue Cler : « Ton service s'achève, pas question de retourner à Vire où le tribunal de la famille va te demander ce que tu comptes faire avec ton diplôme de dactylo », lorsque j'ai pensé, à cette amie de mon père qui travaillait à la radio, à France-Inter, et que nous avions connue en vacances à l'Alpe-d'Huez. Mme Gilberte Bach ne sait pas à quel point je lui dois beaucoup. Mon père, en désespoir de cause, l'a appelée pour se renseigner, pour savoir si on ne pouvait pas me trouver un stage quelque part, lui a expliqué que j'étais fou de sport, que je voulais voir comment ça se passe dans une rédaction sportive. Je l'ai tellement convaincu — c'était facile, lui-même n'ayant pas d'autre suggestion à formuler — qu'il s'est très bien débrouillé ! Mme Bach en a parlé à son patron, qui connaissait Raymond Marcillac, alors directeur de l'information à Cognacq. Un mot à Marcillac et, de fil en aiguille — ou plutôt de filon en aiguillage —, je me suis retrouvé dans le petit bureau de Pierre Sabbagh, rue de l'Université. Une sorte de placard... Intimidé mais déterminé, j'ai laissé exploser ma passion pour l'Olympique lyonnais qui faisait des prouesses avec Di Nallo, Aubour et Combin, ma passion pour Anquetil qui avait déjà quatre Tours de

France à son actif, ma passion pour les sœurs Goitschell qui venaient de tout rafler aux Jeux d'Hiver, bref, j'étais moi-même ! Sabbagh l'a-t-il senti ? Le fait est que mon dernier mois sous les drapeaux — il me restait un mois de permission —, je l'ai terminé au Service des sports de la télévision française qui m'a accueilli pour quinze jours, comme une espèce de téléspectateur privilégié. On ne parlait même pas de « stage ». Ou alors de « mini-stage ». Quinze jours...

Je n'ai jamais plus quitté Cognacq !

Pour être franc, le journalisme ne s'était pas encore révélé à moi... J'étais ravi de voir en chair et en os Thierry Roland, Roger Couderc, Robert Chapatte, le rêve devenait réalité, mais je n'arrivais pas avec une intention précise. J'étais ébloui et prêt à tout.

Prêt à quoi ?

A balayer dans les bureaux, à couper les dépêches, à aider les techniciens, à n'importe quoi sauf à retourner en Normandie...

Le journalisme, j'en avais simplement tâté, si je puis dire à *TAM* où l'on était chargé de la sortie d'un mensuel du même nom. J'avais la responsabilité des archives-photos, notamment pour la double page centrale, très illustrée et axée sur les événements du monde. Ça ne me déplaisait pas, ça m'attirait même. Certains, autour de moi, étaient déjà des journalistes, ce qui expliquait leur rattachement à ce service. Ils étaient là par vocation. Il y avait notamment Jean-

Marie Dupont, futur rédacteur en chef au *Monde.* Ce qu'il faut savoir, c'est que beaucoup de journalistes sont passés par *TAM.* Philippe Labro, Stéphane Collaro, Gérald Asaria, rédacteur en chef de *Vogue.* C'était la meilleure façon de ne pas perdre la main. Ou d'apprendre. Moi, j'y ai appris par cœur le nom et l'adresse des grandes agences où l'on m'envoyait chercher — ou déposer — des clichés. Je faisais ça non seulement pour *TAM* mais pour... *La Vie catholique illustrée* dont j'étais un peu le coursier grâce à un copain qui était tout simplement le fils de Georges Hourdin, patron de *La Vie.* Bien sûr, l'armée n'était pas au courant, nos horaires étaient assez fantaisistes et ça me faisait un peu d'argent de poche. Je passais en coup de vent dans ces lieux dont les noms n'étaient pas encore mythiques pour moi : A.P., Reuter... Noms magiques.

Je ne suis donc pas complètement étranger à l'atmosphère du métier, quand j'arrive au Service des sports de Cognacq. Disons que j'ai un peu saisi ce qu'est « l'actualité ». Mais je n'ai aucun savoir-faire pour autant.

Premier objectif : s'incruster. Cognacq-Jay est alors un village de sept étages, où les gens vivent ensemble. L'ambiance est encore « artisanale ». Les premiers jours, je suis fasciné. Je prends l'ascenseur, je tombe sur Pierre Desgraupes ; je descends en ascenseur, je suis à côté de Max-Pol Fouchet ; je sors de l'ascenseur, je croise Pierre Lazareff ; je change d'ascenseur, je suis avec Catherine Langeais. Au septième étage, j'entrevois parfois un certain Claude Contamine, patron d'une chaîne qui n'est pas encore TF1... Je regarde ces monstres sacrés.

Deuxième objectif : se rendre utile. J'arrive à 6 heures du matin, je me montre disponible, je deviens le grouillot de tous, le chauffeur de Zitrone, l'assistant de Couderc, le facteur de Chapatte, Pasteur, Darget et les autres, l'homme à tout faire... Je franchis le cap des quinze jours comme si de rien n'était, je sens que l'on commence à s'habituer à moi, que mon visage devient familier à ces visages qui continuent de me faire plâner... Je suis là tout le temps. Je ne veux rien rater. Je prends la roue de Thierry Roland, qui m'aime beaucoup et qui m'emmène au Parc des Princes. Merci encore, Thierry ! Je prends la roue de Guy Lux et je traîne à « Intervilles »... Je n'ai pas assez de deux yeux et de deux oreilles. On me dit : « Tu sais, on ne va pas pouvoir te payer », ça ne fait rien, je me démerde, j'ai un autre copain qui me dépanne, qui est monteur, qui monte de petits sujets la nuit, on a sympathisé, il est de Toulouse et s'accroche lui aussi. Son nom ? Michel Lafon, qui deviendra l'un des deux piliers de Carrère-Lafon. Magnifique...

Au bout de trois semaines, il y a les jeux Olympiques de Tokyo qui commencent et l'on a besoin de types courageux pour rester la nuit, parce qu'avec le décalage horaire les images du Japon arrivent très tard. Et moi je suis volontaire pour être là jour et nuit, pour trier les résultats, trier les dépêches catégorie par catégorie, en compagnie d'un autre stagiaire, Dominique Nouilhac, qui créera plus tard le magazine *Onze* puis lancera le mensuel *Première*. Je lutte pour ne pas dormir...

Oui, jour et nuit, la vie de Cognacq-Jay coule dans mes veines. Je ne pense qu'à ça et il va en être ainsi pendant dix ans au moins, dix ans au cours desquels je vais souvent être encore là à minuit alors que je suis arrivé à 6 heures ou 7 heures du matin et que je ne me suis arrêté qu'une demi-heure au self pour avaler un yaourt.

Si mon père ne m'avait pas transmis cette résistance physique, cette faculté de récupérer, cette aptitude à surpasser les nuits sans sommeil, les nuits d'anxiété, d'angoisse, à vaincre les maux d'estomac, je ne serais plus là depuis longtemps. Je n'aurais pas tenu vingt-cinq ans. Je n'aurais pas pu mêler de front radio et télévision comme je l'ai fait plus tard en ajoutant RTL puis Europe 1 à mon programme. Non, je ne serais plus là. Cela, je le dois en quelque sorte à mon père. J'ai toujours tenu sans rien prendre, ni excitant ni tranquillisant. Une chance. Déjà très tôt je buvais beaucoup d'eau, peu de café, je ne fumais pas. Je voulais être affuté comme un champion, je voulais être de plus en plus performant, plus performant que les autres... Très tôt, cette volonté de gagner a surmultiplié mon énergie.

Alors arrive ce qui arrive. Les Jeux de Tokyo terminés, on sait que j'en veux et le sport devient de plus en plus important sur la chaîne. L'époque des pionniers s'estompe, la télévision devient une affaire sérieuse, une grande affaire. On va engager des gens et je suis là. L'année 65 va être une année-charnière.

Je suis confirmé comme journaliste-stagiaire au Service des sports, dirigé par Loys Van Lee, dont la secrétaire est une jeune fille ravissante — elle l'est toujours —, qui s'appelle Françoise Boulain et qui deviendra vingt ans plus tard la réalisatrice de « Champs-Elysées », des Internationaux de Roland-Garros, et des « Molières » du théâtre. Je remplis, après les trois mois réglementaires, ma demande de carte de presse, j'ai le n° 22177. Et je commence à commenter « off », c'est-à-dire que l'on entend ma voix, je suis en cabine, le présentateur-vedette, en gros plan, annonce que nous allons voir maintenant les images du Critérium des As, commentaire Michel Drucker, voilà, c'est comme ça, on m'entend mais on ne me voit pas, je commente ainsi une multitude de petites manifestations sportives, je ne m'en lasse pas, ça m'apprend à écrire, à poser ma voix, je prends tout, je ramasse même les sujets que les autres ne veulent pas faire, en plus du sport, je prends Rosny-sous-bois, la circulation, la rentrée des classes... La fameuse « marée noire » du *Torrey Canyon,* c'est moi qui l'ai faite « off » pour un magazine qui s'intitulait « 7 Jours du monde » !

Mon véritable démarrage a lieu un dimanche soir de février 65. Un journaliste — François Janin, je crois — est absent pour la sacro-sainte émission « Sports-Dimanche », la grand-messe sportive hebdomadaire. A l'époque, la France compte une quinzaine de millions de téléspectateurs pour une seule chaîne. Or, tout le monde est devant son poste à l'heure de « Sports-Dimanche » puisque c'est juste avant le « grand film » dominical du soir. Ces vingt-cinq minutes-là, entre 20 h 20 et 20 h 45, représentent la plus grosse audience de la semaine. Et le top, c'est d'en être le présentateur... Un dimanche, c'est Couderc, le suivant c'est Chapatte, le suivant c'est Claude Darget, le suivant c'est Thierry Roland. Zitrone, qui assure à la fois le journal de 13 heures, de 20 heures et de 23 heures, vient également à la fin de « Sports-

Dimanche » commenter le tiercé. Donc, c'est le grand rendez-vous des stars, des super-stars TV. Zitrone et Couderc, notamment, sont selon les premiers sondages IFOP au coude à coude avec Gabin, de Gaulle et Bardot, question célébrité...

Je n'attendais que ça. Un « trou » à combler sur le plateau de « Sports-Dimanche ». Zitrone m'avait prévenu : « Petit, sois toujours prêt et le dimanche, viens toujours avec une chemise et une cravate, on ne sait jamais... » Moi qui, pendant la semaine, ne me sépare pas de mon sac de sports, vêtu d'un jean comme tous les reporters sportifs...

Ce dimanche de 65, j'arrive et l'on m'avertit que la décision de « demander au petit stagiaire Drucker de faire ses débuts » a été prise. Mon heure a sonné, je vais remplacer Janin à la rubrique dite des « résultats secs », ce qui signifie la lecture à l'écran, en direct, des résultats de la journée, vers la fin de l'émission, un peu avant le tiercé. Ma chance, bien entendu, c'est d'être prêt. C'est aussi que, ce soir-là, le présentateur est Couderc. Le réalisateur est une femme, Solange Peter, elle me materne, elle me dit : « T'inquiète pas, tu regardes bien la caméra, l'important est de ne pas te tromper dans les résultats, parce qu'il ne faut pas plaisanter avec ça. Ne dis pas que Marseille a battu Saint-Etienne si c'est le contraire, sinon tu es interdit de séjour dans une des deux villes le week-end prochain... » Je dis « oui madame », j'ai l'impression d'être encore plus môme que je ne le suis — j'ai vingt-deux ans —, je voudrais m'accrocher aux jupes de ma mère mais il est trop tard, je l'ai bien cherché, je ne peux plus reculer. De toute façon, je n'ai pas envie de revenir en arrière, je suis sur « ma » planète, c'est la bonne, Vire est loin, bien loin, d'un autre âge, je ne suis pas inhibé comme pour un examen, c'est différent, je me sens porté par une excitation qui se confond avec le trac, je suis dans un état second qui est enfin mon état naturel, ce stress salutaire, indispensable, qui me fait aller de l'avant. Je me sens porté par tout ce que j'ai pu observer depuis que je suis dans la maison, l'incroyable mémoire de Zitrone, la flamme de Couderc, la sobriété de de Caunes, l'humour de Darget, je veux être tout de suite la synthèse de tous, je me sens armé, je pourrais même ajouter, pendant que j'y suis et pour parfaire le tableau, la rigueur de l'équipe de « 5 Colonnes à la Une » et l'écriture de François Chalais, je n'ai oublié personne ? Non, c'est la fête dans ma tête, c'est le jour J, j'entre sous les spots et la chaleur des projecteurs m'enveloppe aussitôt, me plaque, la température fait monter un peu plus l'émotion aux joues, je m'assois, j'attends mon tour, voilà, ça y est. « Maintenant, dit Couderc, nous vous présentons le dernier petit jeune du service des sports, il s'appelle Michel Drucker, il faut l'encourager ! » Je me lance et je ne commets qu'une seule erreur, mais quelle erreur ! Elle va faire de moi l'inconnu le plus célèbre de France...

Volley-ball, jeu à XIII, je récite, les scores s'enchaînent, je ne perds pas de vue la caméra, tout va bien, enfin, j'ai l'impression que tout va bien, que mon trac ne se voit pas puisque ma voix n'est pas chevrotante. En fait, il se voit, je ne m'en rends pas compte mais il saute aux yeux. Car, au lieu de conserver mes feuilles à plat, au fur et à mesure, et de les faire glisser sur la table, comme ça, après les avoir lues, je les ai gardées en main, et ma main tremble ! Elle ne tremble pas en gros plan mais c'est tout comme : elle crève l'écran. Je suis cadré « moyen », jusqu'à la taille, et cette main qui tient les feuilles légèrement au-dessus de la table, ces feuilles qui répercutent mon tremblement, cette image qui souligne le tout, ça devient une crise de Parkinson en direct. Couderc se marre, Zitrone aussi, qui vient de s'asseoir, tout le monde se marre et moi je ne m'aperçois de rien, je continue, imperturbable : « Basket, en poule A, Caen a battu Villeurbanne », Couderc commence à en faire un numéro, avec la complicité de Zitrone qui se lève et fait le tour par-derrière, et voilà ces deux super-vedettes de la télé qui s'approchent de moi pour me soutenir, qui entrent dans le champ, debout dans mon dos, interviennent, disent : « Ça va aller ! Ça va aller ! Vous savez, il faut le comprendre, il tremble, il a les genoux qui tremblent, la tête qui tremble ! », ils font tout un sketch pour ne pas abandonner un petit mec pris de panique, pour qu'il aille jusqu'au bout. « Alors, il a pas fini ? Encore un petit effort ! » Ils me prennent sous leur aile devant quinze millions de téléspectateurs ! Inimaginable...

Je devais faire trois ou quatre minutes, ça va en prendre dix ! L'équivalent de trois chansons au moins. Presque la moitié de l'émission...

Je remonte du studio, je ne comprends toujours pas, je suis heureux d'avoir fini, le téléphone sonne, un autre stagiaire décroche puis se tourne vers moi : « Il y a quelqu'un qui veut te parler, d'Europe I. »

— Allô ? dis-je encore essoufflé.

— Allô, vous êtes Michel Drucker ? Ecoute, te décourage pas, coco, je suis sûr que tu feras une carrière quand même...

— Excusez-moi... Qui êtes-vous ?

— Lucien Morisse.

Lucien Morisse ! L'empereur d'Europe… D'Europe 1. L'empereur de la rue François-Ier ! Le directeur artistique qui est resté le modèle de toute une génération de gens de radio.

Le lendemain matin, place Clichy, je prends le 80, je monte dans l'autobus, il y a une cinquantaine de passagers qui dorment à moitié en lisant *Le Parisien libéré* ou *L'Equipe,* et tout d'un coup chacun baisse son journal, me dévisage, et me fait : « Alors, ça va mieux depuis hier soir ? » Et je mesure l'impact… Bien sûr, le fait d'être un gamin, par rapport à la moyenne d'âge des présentateurs, joue beaucoup.

J'arrive à Cognacq, pour la conférence du matin, et je n'entends que : « Alors, bien remis ? » Je feuillette la presse et il y a des papiers partout : « Débuts émouvants d'un certain Michel Drucker qui, en quelques minutes, a bouleversé tous les Français. »

Marcillac entre, pour la conférence, il vient vers moi et me dit : « Ne vous inquiétez pas, ce n'est pas grave, c'était très touchant, très sympa, les gens vous ont bien reçu, c'est l'essentiel. Maintenant, il faut continuer, vous améliorer. »

Donc, je ne prends aucun savon, ni carton rouge ni carton jaune. Pourtant, je commence à réaliser ce qui s'est passé. Je n'ai qu'à lire les quotidiens… Les articles ne vont pas arrêter. Reportages sur moi à la rédaction, etc. La semaine suivante, *Télé 7 Jours* publie la photo de mon « tremblement » : ils avaient pris directement cette photo sur l'écran. A l'époque, il n'y avait pas de photographes de plateau.

Et à l'époque, tout cela était possible parce qu'il y avait, dans l'air, une part de spontanéité, d'improvisation. La télévision, qui allait basculer dans l'âge adulte, était encore « fille unique » — une seule chaîne — et insouciante — une chaîne jeune. On pouvait lancer quelqu'un comme ça, le faire démarrer sans filet. Bien entendu, c'était un risque considérable, mais le climat général s'y prêtait. Aujourd'hui, ça ne peut plus arriver, les téléspectateurs se sont habitués à une certaine perfection du « produit fini » et les journalistes sont préparés, formés, avant d'affronter l'antenne. Aujourd'hui, les téléspectateurs raffolent des bavures à l'écran, mais dans le « bêtisier » annuel, et les journalistes ont le prompteur[1]... C'est une évolution normale. J'ai eu la chance de débuter avec la première jeunesse de la télévision...

Le samedi suivant, on m'envoie à Strasbourg pour le résumé de la deuxième mi-temps d'un match de hand-ball. A peine descendu du train, à la gare, j'entends une fois de plus : « Alors, on ne tremble plus ? » Quinze jours plus tard à Nice : « Tiens, c'est

1. Système intégré à la caméra qui permet au présentateur de lire le texte du journal tout en fixant l'objectif.

le petit de la télé... » Partout où je débarque pour telle ou telle manifestation sportive, on me reconnaît et l'on me tape dans le dos. Il s'établit ainsi une sorte de relation incroyable entre la France et ce gamin de la télé qui a tremblé. Parce que, peut-être, sans le vouloir, je représente le jeune provincial monté à Paris et qui dit : « Pardonnez-moi mais j'apprends mon métier. » En quelque sorte, mes études audiovisuelles m'ont été payées en direct par le Service public, tout en me permettant de devenir un personnage « connu ». Je suis entré par la grande porte de la façon la plus hésitante qui soit et c'est cela, sans doute, qui a plu. Ce trac qui s'affiche sans chichi, qui est 100 % authentique.

Le trac du débutant, c'est une réaction nerveuse, classique. Ça n'a rien à voir avec ce qui, ensuite, lui fait place, l'anxiété. Le trac, c'est l'inconscience. L'anxiété, c'est la lucidité, la responsabilité. Au commencement, on a le trac, puis on le gomme, avec l'expérience. On sait ne pas le montrer et ça devient l'anxiété, cette peur consciente de se planter, cette angoisse profonde de ne pas tenir la distance. L'inquiétude de ne pas sentir les moments où le public en a assez, de ce que vous faites, veut autre chose. Cette inquiétude-là, c'est mon trac quotidien depuis longtemps. Cette peur de ne pas savoir anticiper... Je l'ai constamment à l'esprit. De même qu'en boxe il y a le « combat de trop », de même qu'en cyclisme il y a le

« Tour de trop », je pense qu'il y a un moment donné où l'on commet une saison de trop en télévision, celle qui fait la différence entre une carrière qu'on termine bien et une carrière qu'on termine mal. Je suis donc vigilant, très vigilant. L'anxiété, en un mot, c'est la durée. Comment ne pas être un has been, comment bien vieillir... Comment s'adapter à un métier qui a tellement changé qu'il va falloir trouver un nouvel équilibre entre audience et exigence, l'équilibre le meilleur possible. Entre audience et image de marque. Ça n'est pas du marketing, ça correspond à ma philosophie de ce métier. L'audience, oui, mais jusqu'où peut-on aller sans trahir son image, celle que le public a de vous et qui colle avec celle qu'on a de soi ? Il ne faut pas oublier que je suis, au départ, journaliste. Je ne suis pas un saltimbanque. Je suis un journaliste devenu homme de spectacle par hasard. Oui, par hasard...

Un jour, suite à un reportage pas tout à fait comme les autres que j'avais assuré au Bourget, la productrice Michèle Arnaud m'a appelé...

Pourquoi un reportage « pas comme les autres » ?

Parce que, ce soir-là, quelques mois après ma « main tremblante », j'ai frôlé à nouveau la catastrophe...

Nous sommes le 31 décembre 1965. Une grande

opération en duplex est organisée par la chaîne pour le réveillon du jour de l'An. Un « coup » signé Sabbagh, Guy Lux et Albert Raisner qui est en ce temps-là l'animateur d'une émission très suivie, « Age tendre et tête de bois », l'émission des teen-agers, regardée par les mêmes qui, sur leur transistor, écoutent « Salut les copains ». Ce réveillon exceptionnel s'intitule « Têtes de bois en plein ciel » et consiste à faire chanter les idoles en direct des principaux aéroports : une demi-douzaine de charters ont été prévus, remplis de passagers qui ont pour noms Claude François, Eddy Mitchell, Alain Barrière. Les aéroports sont reliés entre eux et, bien sûr, Sabbagh et Guy Lux sont aux commandes, tiennent tout en main de Paris. « A vous Marseille, à vous Bordeaux. » C'est gigantesque, ça ressemble un peu aux grandes mobilisations que la télévision sait déployer pour faire appel à la solidarité nationale contre le cancer, sauf que là, c'est show-biz, du pur show-biz, le grand jeu, la télé sur son 31, la bonne année en chansons...

Moi, je suis à l'aéroport du Bourget, réquisitionné en quelque sorte. Tout le monde est sur le pont... Je suis sur la terrasse du Bourget et je dois simplement faire le commentaire de l'arrivée d'un DC8 de l'UTA qui ramène de Marseille tous les chanteurs qu'on avait vus là-bas. J'ai deux minutes pour faire mon laïus, pour dire quelque chose sur cet atterrissage. Il y a un vent violent, j'ai une casquette de marin, je suis gelé.

Albert Raisner me lance : « Notre ami nous attend au Bourget où l'avion de Marseille... A vous Michel Drucker. » Et je démarre : « Eh bien oui, ici le Bourget, le DC8 qui a quitté Marseille-Marignane ne va pas tarder, je crois même qu'il est sur le point d'apparaître... » et le caméraman me fait signe de continuer, de délayer, car « la suite n'est pas prête », et me voilà obligé de meubler, sur aucune image puisque je ne vois pas l'avion se pointer, et je parle, je parle, « voilà, l'appareil aurait déjà dû se poser, il ne va pas tarder à se poser puisqu'il aurait déjà dû... », je tiens comme ça six minutes, « je vous rappelle qu'il a décollé de Marignane, il y a un peu plus de deux heures », et tout d'un coup le caméraman brandit une pancarte : « L'avion est posé derrière toi depuis cinq minutes », je ne l'avais pas vu, je guettais une autre piste, il était dans mon dos, je commentais un atterrissage qui avait déjà eu lieu ! L'horreur... Pourquoi ne m'a-t-on pas prévenu ? Parce qu'il fallait que je remplisse, que j'occupe l'antenne, « en attendant la suite ». Autrement dit, ce qui aurait dû tourner à la tragédie vient d'arranger tout le monde ! « On m'informe que l'avion s'est enfin posé, à vous les studios ! », je m'en tire comme je peux, je m'attends à une enguelade et, en réalité, j'ai rendu service : « Bravo, le petit, merci d'avoir tenu si longtemps », me répète-t-on après mon « exploit ». Pour la seconde fois, une vraie gaffe se métamorphose en bon point...

La chance semble, enfin, m'avoir pris en sympathie. Cela dit, cette nuit-là, la panique rétrospective a gâché le reste du réveillon...

Quelques jours plus tard, je reçois un coup de fil de Michèle Arnaud, qui était la reine des productrices de variétés, la productrice de Jean-Christophe Averty, entre autres, pas besoin de vous faire un dessin. Elle m'appelle : « Ecoutez, me dit-elle, je vais lancer une émission de variétés en semaine, un hit-parade mensuel baptisé “ Tilt-Magazine ”, je vous ai vu l'autre soir dans votre numéro au Bourget, si vous êtes capable de faire ça, vous pouvez tout faire. » Elle me reçoit dans son bureau, j'entre. « Vous faites un peu province, commence-t-elle, mais ça peut s'arranger. On va faire des essais. » Elle m'emmène me fringuer chez Ted Lapidus : costume vert pomme, cravate rose. Je me sens un peu raide, dans cet ensemble décontracté...

« Tilt » va durer deux ans. L'émission a lieu à 20 h 30, une fois par mois, au Moulin de la Galette à l'exception de la « première » en direct de province. Michèle Arnaud, intransigeante, me fait répéter mes textes, ne veut pas que je parle trop, que je bavarde. Autant j'improvise de plus en plus facilement comme reporter sportif, autant j'ai du mal à entrer dans cette nouvelle peau de présentateur. C'est un autre regard à la caméra, un autre ton, il faut que ce soit plus « spectacle », je ne sais pas être bateleur, je n'ai jamais su l'être vraiment, même debout au milieu des paillettes. Michèle Arnaud ne laisse rien passer, me coupe, me corrige. Elle a l'œil à tout. J'ai presque un souvenir douloureux de ce « dressage ». Le contact avec les chanteurs n'est pas le même qu'avec les champions, tout est différent. L'enjeu n'est pas le même pour les uns et pour les autres. Le champion est montré pendant et après sa performance, il est interviewé comme héros d'une actualité sportive. Le chanteur, lui, vient spécialement à la télé pour tenter une performance, pour créer l'événement, être le meilleur. Se vendre. Il est plus fragile, plus tendu psychologiquement.

Bien entendu, je suis comblé. Tandis que, sur les stades, je commence à croiser mes idoles, voilà que dans les coulisses de Michèle Arnaud j'approche les « idoles des jeunes », comme on dit à l'époque, les idoles des sixties... Johnny Hallyday est au sommet des hits depuis des années, Sheila et Claude François occupent également le haut du tableau.

La « première » de « Tilt » se déroule à Douai. Au générique, il y a Johnny, justement, qui va chanter *Noir c'est noir,* une chanson que tous ses fans écoutent avec une émotion particulière parce qu'elle illustre le passage à vide psychologique qu'il vient de connaître. Dépression et cure de sommeil... Je sais que cette chanson, il l'avait enregistrée à la sauvette, il n'avait fait qu'une seule prise, pour faire plaisir à sa maison de disques, chanson qu'il ne sentait pas. Ou trop ? Chanson porte-malheur... Il est donc là, Johnny, il vient de traverser une période dure et, en le voyant à côté de moi, je repense à Caen, où j'avais fait la queue plusieurs heures pour le voir. D'ailleurs, qui n'a pas vu Johnny au moins une fois, en ce temps-là ? Qui ne s'est pas payé Johnny au « théâtre municipal » de son coin, quand la tournée d'été le faisait s'arrêter dans chaque ville de France ou presque ? Celles et ceux qui ont autour de quarante ans aujourd'hui ont en commun le souvenir de Johnny chantant dans « leur » ville, dans la ville de leur adolescence... C'est le souvenir collectif de ces années-là. Pour moi, les années soixante, c'est Johnny. C'est lui qui, avec Bécaud, a fait le plus de galas et qui connaît le mieux la France. Le mieux la province.

A Douai, ce soir-là, je constate déjà que c'est un grand timide et qu'il n'est pas habitué à sentir sur lui des centaines de regards. Il ne s'habituera jamais. Tout comme il ne sera jamais vraiment à l'aise à la télévision. Je le constate dès ce soir-là et le vérifierai constamment. A la télévision, il ne retrouve pas le climat de la scène, le public n'est pas le vrai public, nettement moins nombreux, et la caméra est un instrument froid auquel il a du mal à se livrer — soit dit en passant, Sardou est pareil : on croit qu'il fait la gueule, en fait il est à l'étroit sur un plateau. Pour pouvoir donner sa pleine mesure, Johnny a besoin d'une douzaine de chansons alors que la télé ne lui en offre que le tiers. Ce n'est donc pas son terrain de prédilection. Mais comme il sait que le petit écran est une arme redoutable, qu'on joue sa peau en trois minutes, il fait très attention. A Douai, le grand professionnel qu'il est un peu plus tous les jours va électriser « Tilt »... Et après l'émission, Johnny me ramène à tombeau ouvert en bagnole, en voiture de sport, je crois que je vais mourir...

Au cours de cette même « première », il y a un gars terrorisé qui chante *Et moi, et moi, et moi,* c'est Jacques Dutronc, et un autre qui rate la marche tellement il est bigleux, c'est Michel Polnareff. Lui, n'a pas encore trouvé son fameux look... comme on ne dit pas encore. C'est plutôt le sosie de Françoise Sagan ! Il chante *la Poupée qui fait non.* Qui d'autre ? Vous savez, au fil des « Tilt », pendant deux ans, je ferai la rencontre de presque tous les « grands » de l'époque, en même temps que j'apprends à « décoder » ce nouvel univers de la variété, le monde des maisons de disques. Un producteur, un soir, proteste parce que son « poulain » n'interprète qu'une chanson au lieu de deux. « Vous avez tort, me lance-t-il, ça va être le plus grand chanteur du monde ! » Je le présente comme ça, à toute vitesse. C'était Tom Jones...

Rapidement, j'apparais non seulement comme un nouveau reporter sportif mais comme un nouveau présentateur de variétés. Du coup, on me propose l'animation de galas privés... 2 500 F pièce. Galas galères ? Non. Un jour, on me demande de remplacer au pied levé Roger Lanzac, très connu du public grâce à la radio notamment — qui ne se souvient pas de « Je risque tout », ce jeu qu'il présentait sur Radio-Luxembourg ? — puis grâce à la télévision avec « La Piste aux étoiles ». Roger Lanzac est une figure, se retrouver à sa place n'est pas gagné d'avance. Il est malade et c'est l'organisateur du spectacle qui pense à ce « petit jeune qui fait Tilt ». Je fais tilt dans sa tête, il veut « m'essayer » et je fais, là, mes débuts en salle, ce qui est encore un autre métier. Le contact est plus physique avec le public, la caméra ne fait pas écran... Cet organisateur, c'est Paul de Senneville, ce qui ne vous dit peut-être rien, un brillant touche à tout qui vient de Sciences-Po, écrit des chansons pour Polnareff, dirige les disques AZ, et va lancer Clayderman et Borelli, respectivement pianiste et trompettiste, qui vont faire un tabac... Ce gala a lieu à Ivry, au gymnase. Je me dirige vers les vestiaires qui servent de coulisses — un mélange pas dépaysant ! —, il y a un prestidigitateur qui s'entraîne et qui est Gérard Majax, je m'habille — j'ai emporté ma veste vert pomme et ma cravate rose — j'entends un type qui fait des vocalises, qui se chauffe, c'est le chanteur qui « lève le torchon », comme on dit dans le jargon, c'est-à-dire qui passe en premier, il est mort de peur, il ne chante qu'une seule chanson, quelque chose comme *Tu es mon soleil,* il a une veste en velours très clinquante, il est brun, il fait très séducteur, très chanteur play-boy... Je lui demande son nom, pour l'annoncer, il me répond : « Bernard Tapy », il vient de sortir son premier disque, c'est son premier passage sur scène, il chante assez bien et j'ai gardé l'affiche : Tapy avec un y. A l'époque, il fait de la Formule 3 mais il veut réussir dans la chanson. Il vient d'un milieu modeste. Voilà comment je fais sa connaissance, avant de l'oublier puis de le voir réapparaître dans le rôle de « Monsieur Gagneur », son vrai tube... Je l'ai « remis » tout de suite et ça m'a rappelé cette période.

Une période difficile où j'apprends à porter deux casquettes. J'ai mon activité principale au Service des sports et, une fois par mois, je présente « Tilt » avec l'autorisation de Raymond Marcillac. Les stades sont mon pain hebdomadaire et la scène mon supplément mensuel. Je repense à Zitrone : « Soyez polyvalent », ça me stimule. L'alternance est un rythme à trouver. Ce n'est pas simple, d'autant moins simple que je couvre de plus en plus de matches de football. Je vais beaucoup sur les stades, beaucoup. Dans les vestiaires, je fais la connaissance des joueurs, je les visualise, pour bien les reconnaître sur le terrain.

Ce qui ne m'empêche pas de faire une boulette lors du premier match que je commente seul et en entier. Une boulette qui, elle, est passée inaperçue... Sauf des spécialistes.

C'était une rencontre dans le cadre des jeux Méditerranéens, en 1965. Entre la France et l'Algérie, à Tunis. Je me suis trompé, j'ai fait jouer un Français qui n'était pas sur la pelouse ! Son nom ne me revient pas... C'était bien le bon maillot mais il n'était pas porté par celui que je croyais. Je lui ai même fait marquer un but, à cet absent !

Pourtant, qu'est-ce que je l'avais préparé, ce match ! Je n'avais pas dormi de la nuit. J'avais répété les noms des joueurs à la manière de Zitrone répétant les casaques avant le tiercé. J'étais paralysé par la peur. J'étais arrivé en avance avec une tonne de notes, des centaines de fiches, pour m'apercevoir, le match commencé, que c'est une connerie, que je ne peux pas les utiliser. Un commentaire en direct, ça suppose qu'on ne quitte des yeux ni le terrain ni l'écran. Sinon... Le temps de mettre le nez dans ses fiches et il y a un but, que vous n'avez pas vu... Donc, il faut tout avoir en tête, et ne s'aider que de quelques mots-repères par écrit. Au fur et à mesure des rencontres, j'apprends à réduire et, au lieu d'avoir 50 feuilles et 60 fiches, à n'en avoir que deux ! J'apprends à lire une documentation, à me remplir la tête d'informations et à les sortir au bon moment, presque automatiquement. Ma mémoire, que je croyais inexistante à l'école, se réveille, se développe. Tel un muscle... Bientôt, j'aurai la confirmation qu'on peut avoir une mémoire phénoménale et ne pas faire d'études. Sans mémoire exceptionnelle, on ne peut pas être commentateur sportif. Ingurgiter 400 noms de joueurs différents tous les quatre ans et les identifier au quart de seconde alors qu'on les voit « grand comme ça » du haut du stade, cela nécessite une mémoire visuelle très poussée...

Bref, une fois de plus, mon école, c'est l'apprentissage sur le tas. L'ambiance des stades a été mon premier contact avec le public populaire, avec la foule, je suis comme un poisson dans l'eau, dans ce grand bain. Le public des stades, c'est chaque week-end entre dix et cinquante mille spectateurs, c'est une vibration qui est la meilleure « leçon de public » possible. Tous mes « maîtres à penser télé », de Zitrone à de Caunes, ont été commentateurs sportifs. Tous sans exception. Un stade, c'est le direct sans filet, tout peut arriver, on ne connaît pas le scénario d'un match à l'avance, c'est l'exercice d'improvisation par excellence, c'est là où on peut se laisser aller à son tempérament.

Les matches auxquels je « participe » sont de plus en plus importants. C'est l'époque d'Herbin à Saint-Etienne, de Skoblar à Marseille, d'Henri Michel à Nantes, futur sélectionneur de l'équipe de France. Chaque déplacement, pour moi, est un cadeau. Ces joueurs en « vrai »...

Quand je vais à Nancy, je vois un gamin de Jœuf, petit village lorrain, qui n'a que 14-15 ans, qui est cadet, on murmure déjà son nom dans toute la région, il a quelque chose de plus que les autres quand on le voit jouer, il vient parfois me tirer par la manche pour qu'on discute, il s'appelle Michel Platini. Nous sommes en 1966, dans une douzaine d'années je retournerai spécialement à Nancy pour faire avec lui la couverture de *Télé 7 Jours,* à l'occasion de la Coupe du Monde de 1978 en Argentine...

En 1966, je suis stagiaire pour la Coupe du Monde en Angleterre. Je fais la navette. Bien sûr, je suis surtout à Paris où je « résume » les rencontres. Le direct est assuré par Thierry Roland et Mario Beunat. Mais ces aller-retour, c'est déjà le frisson... Bien sûr, ce n'est pas moi qui fais l'interview des frères Charlton, Bobby et Jacky, héros d'une Angleterre qui va gagner cette Coupe du Monde chez elle. Mais je sens que je m'approche doucement des « monuments ».

C'est en 1969 que je deviens commentateur « officiel ».

A partir de là, je vais rencontrer, côtoyer, tutoyer les stars internationales, dans ces stades qui ont bercé mon enfance.

Je commente mes premiers matches de Coupe d'Europe et j'ai affaire par exemple à l'Ajax d'Amsterdam, club-fétiche... J'ai la chance de voir les joueurs se préparer, grâce à la gentillesse de l'entraîneur Stefan Kovacs, un roumain, je suis dans le vestiaire de l'Ajax et je vois Cruyff, la grande coqueluche des années soixante-dix, le génial Cruyff qui, dès qu'il touche une balle, est un événement à lui tout seul... Il y a Johnny Repp, aussi, qui est alors junior et qui viendra « sévir » chez nous plus tard.

Je verrai aussi jouer le Réal de Madrid avec Jento, qui est encore là ! Et Puskas, oui, le galopant Puskas devenu entraîneur. Vous imaginez ma rencontre avec lui qui était sur les murs de ma chambre, dix ans plus tôt à Vire !

C'est comme la première fois que j'ai approché Pelé, en chair et en os... C'était sur le plateau de « Télé-Dimanche », émission de sports et de variétés très populaire, au cours de laquelle j'intervenais de temps en temps pour communiquer un classement ou signaler que telle équipe, en Championnat, venait d'ouvrir la marque... Cet après-midi-là, Pelé est l'invité de Raymond Marcillac. Muet, bouche bée, je le regarde des pieds à la tête, je suis surpris par sa petite taille, c'est un tout petit bonhomme, un mètre soixante et des poussières. Je suis fasciné par ce qu'il représente. Je ne sais pas encore que je vais même jouer au foot avec lui !

A la fin des années soixante, Pelé vient souvent en Europe, avec l'équipe de Santos. Chaque fois, c'est moi qui l'interviewe, après la rencontre. Il s'agit souvent de matches amicaux, de pure démonstration, comme pour ce Tournoi de Paris organisé au Stade de Colombes, dans le cadre de la lutte contre le cancer, et dont le coup d'envoi fut donné par Brigitte Bardot ! Pelé et B. B. sur la même pelouse... Un double émerveillement.

Si bien qu'au cours de la Coupe du Monde de 70, au Mexique, il se souvient de moi, il commence à me reconnaître, à me connaître, je suis celui qui lui tourne toujours autour, à Paris, un micro à la main... Et nous sympathisons.

Au Mexique, pour ce Mundial 70, Michel Dhrey et moi étions les deux envoyés spéciaux de la télévision française et il fallait chaque fois que l'on montre nos badges en entrant dans la tribune de la Mondiovision, au magnifique stade aztèque de Mexico, sinon on nous fichait dehors parce qu'on nous prenait pour des mômes, avec nos vingt-sept-vingt-huit ans. Tous les envoyés spéciaux pour une Coupe du Monde ont quarante ans environ, et nous on débarque comme ça ! « Qui sont ces deux gamins ? », s'étonnent les officiels. « Ce sont les commentateurs de la France », leur explique-t-on. « Quel âge avez-vous ? », nous demandent-ils. Ils ne comprennent pas. On est les plus jeunes commentateurs du monde, assis à cette tribune. On a l'âge des joueurs !

Et on commente la finale, Brésil-Italie, et les Brésiliens et Pelé sont champions du monde pour la troisième fois, c'est magique, ils ne font qu'une bouchée des Italiens. Le quatrième but, marqué sur une passe de Pelé par l'arrière Carlos Alberto, c'est le symbole de cette frénésie brésilienne. Souvenir prodigieux.

D'autant plus prodigieux qu'après cette finale, la Coupe terminée, Pelé me fait donner ses chaussures, oui, les chaussures de son dernier Mundial, il me les fait « livrer » par l'intermédiaire du représentant de la marque, une marque célèbre dont je tairai le nom pour le simple plaisir de ne pas faire de publicité clandestine, comme on ne dit plus maintenant... D'ailleurs, vous avez raison, je n'ai jamais tourné de pubs-télé. Si j'avais accepté les propositions qu'on m'a faites depuis dix ans, je serais plusieurs fois milliardaire. On m'a proposé de figurer dans des spots pour des lignes de vêtements, des parfums, du lait, des jus de fruit, et même du matériel de télévision. J'ai dit non parce que je veux garder ma carte de presse, la déontologie imposant à tout journaliste de ne se prêter à aucune campagne de pub. Et puis, je pense que faire de la publicité, en France, est quelque chose qui n'est pas encore très bien admis. Je me trompe peut-être... De toute façon, j'ai toujours refusé les propositions que je ne « sens » pas. Celles de Berlusconi et de Bouygues non plus, je ne les « sentais » pas...

Donc, Pelé me fait ce cadeau superbe, ce qui crée

des liens, et nous restons copains. C'est ainsi que, quelque temps plus tard, je me suis retrouvé sur un terrain de foot avec lui. Vous imaginez... Quel est le gosse qui n'a pas rêvé de jouer avec Pelé ! Je faisais partie d'une équipe — les Polymusclés, avec Jean-Paul Belmondo — qui participait régulièrement à des tournois, à des matches de bienfaisance. C'est ainsi que nous nous sommes rendus à Liège, pour une rencontre au profit de l'enfance handicapée, devant le prince Albert et la princesse Paola. Rencontre-show... Dans notre équipe, il y avait Pelé et Puskas ! Pelé m'a fait marquer deux buts, et Puskas un ! La boucle, avec eux, était bouclée, ou presque... Pelé est revenu deux fois dans mes émissions, aux « Rendez-vous du Dimanche » et à « Stars ». Et je l'ai revu en août dernier, à la télévision, à l'occasion du centenaire de la League. Pelé serrant la main de Maradona... Et de Platini qui, ce jour-là, a réveillé en nous bien des regrets en se montrant une fois encore le meilleur sur le terrain, le meilleur parmi les meilleurs...

Bien sûr, dans l'esprit du « fan » que j'étais, Pelé ne pouvait pas vieillir... Pourtant, tout au long de la Coupe du monde de 1970, j'avais bien été obligé de me rendre compte que les stars du football, les stars du sport, sont des denrées bien plus périssables que les autres vedettes. Leur carrière est courte, étoiles qui filent puis s'éteignent. Au football, à 34 ans, on est un ancien, à quelques exceptions près comme le gardien

Dino Zoff, qui a gardé les buts italiens jusqu'à la quarantaine bien passée. Ceux qui sont à l'arrière ou dans les cages peuvent jouer jusqu'à trente-cinq-trente-six ans, mais pas les attaquants, ils sont cuits, ils ont pris tous les coups.

Au Mexique, en 1970, je vois des carrières vieillissantes. Bien sûr, les frères Charlton sont encore de la partie, il y a encore Gordon Banks, le gardien de l'équipe d'Angleterre, lui aussi proche des 40 ans, il y a encore Mazzola, Riveira, toutes mes idoles. Mais ils sont déjà sur le déclin, je lis les traits, sur les visages, et je me demande : comment ces gars vont-ils vivre le retour définitif au vestiaire, le retour à l'anonymat, ont-ils prévu, réalisé, qu'après quinze ans de fanatisme, de popularité interplanétaire, il faudra retourner dans l'ombre ? Oui, je pense à des choses comme ça. Je comprends qu'il y a une situation commune à eux et à nous, journalistes exposés au vedettariat, même si la carrière des joueurs est limitée dans le temps par des raisons physiques. Je commence à me soucier de la reconversion, déjà...

Et quatre ans plus tard, je constate que les « grands » s'en sont bien tirés. Je les retrouve tous, pour la Coupe du monde de 1974 en Allemagne, dans la tribune des commentateurs ! Avec une silhouette légèrement épaissie... Ils ont trente-quatre ans en moyenne et ont su tourner la page. Dans les années soixante-dix, tous les héros du football prennent leur retraite dans l'audiovisuel. Ils deviennent conseillers techniques, consultants, commentateurs, et l'on passe du journaliste unique au tandem journaliste et ancien champion. Bobby Charlton est consultant de la BBC, Pelé est à TV Globo, Riveira à la RAI, Di Stefano à la télévision espagnole. A toutes les grandes rencontres, européennes ou internationales, ils sont là, ça crée des liens, je suis le « petit Français », je les vois vieillir, je leur demande des tuyaux... Et moi-même, pour la Coupe du monde de 1978, en Argentine, je suis accompagné d'un ancien héros français, le super-héros de la Coupe du monde de 1958, en Suède, celui par qui certains miracles sont arrivés... C'est Just Fontaine, toujours meilleur butteur de la Coupe, recordman absolu. Just Fontaine en noir et blanc sur les premiers écrans de télévision... Je m'en souviens comme si c'était hier et, vingt ans après, je ne sais pas si le pincement que j'ai au cœur vient de l'ambiance, dans ce stade argentin, ou de sa présence à mes côtés. Fontaine... Je ne veux pas avoir l'air d'une groupie mais je suis très ému. Il a un peu grossi, pris du poids comme la plupart des joueurs quand ils s'arrêtent. Di Stefano, c'est pareil. Seuls, Kopa et Piantoni ont gardé la ligne parce qu'ils ont continué à faire du sport. Fontaine a été obligé de mettre fin à sa carrière assez tôt, vingt-huit ans, parce qu'il s'était fait casser la jambe deux fois. Aujourd'hui, il aurait pu poursuivre plus longtemps, la chirurgie ayant fait des progrès fantastiques. Même topo pour Piantoni, qui a dû abandonner à 28 ans suite à une agression caractérisée au cours d'un match en Bulgarie. Le genou en morceaux... Ça fait tôt la retraite ! Enfin... Fontaine vit bien, il a un magasin à Toulouse, et entretient une amitié solide avec les autres héros français de la Suède, dont Piantoni mais aussi Kopa et Vincent... Légendaire enchaînement de noms que la mémoire sort telle une rafale de buts : Kopa-Fontaine-Piantoni-Vincent... C'était l'ordre, je crois. Ligne d'attaque qui fit aussi les beaux jours du stade de Reims. Piantoni, lui, sera à Mexico avec moi en 1986. Quant à Kopa, je l'ai connu aussi, il est minuscule, comme Pelé. Mais le talent, à ce niveau-là, n'est pas une affaire de gabarits impressionnants. Maradona est tout petit.

Et voilà qu'en 1978, avec Fontaine pour « coéquipier », je tombe sur le match le plus long de toute l'Histoire du football. 2 h 40 ! Hallucinant. C'était France-Hongrie à Mare del Plata. L'équipe de France est arrivée et elle n'avait pas les bons maillots. Ou, plus exactement, les « Bleus » avaient leur maillot habituel, qui était de la même couleur que celui de l'équipe adverse. Or, c'était aux Français d'en changer, selon le règlement qui décide de ces choses-là à l'avance, pour cause de retransmission télévisée. Sur le petit écran, il faut qu'on distingue nettement les deux équipes, cela va de soi. On se met donc à chercher des maillots pour l'équipe de France et moi, pendant ce temps, je fais patienter les téléspectateurs, je parle du ciel, je parle avec Fontaine et j'en profite pour lui faire raconter « 58 », et là je me régale quand même, et je parle avec comme « plan » les drapeaux, le public, je meuble, je me souviens du Bourget, je parle de la pelouse, de temps en temps un confrère vient et dit : « Eh bien oui, ils arrivent, ils se préparent, c'est l'affaire de quelques minutes », merci, et on tient l'antenne pendant une heure avant que le match proprement dit ne commence. C'est long, très long, c'est un souvenir terrible. Finalement, les Français ont joué avec les maillots d'une équipe de marins pêcheurs ! De Mare des Plata... Mais vous imaginez les conséquences de ce retard, de ce décalage, sur les programmes des cinquante télévisions du monde branchées là-dessus ! Le « bordel » côté satellite...

Le sport est devenu en quelques années un élément capital du programme télé, dans tous les pays, grâce au bond en avant technologique, à la couleur aussi, et à l'amélioration des reportages. Le moindre exploit est vu à l'échelon de la planète. Le moindre geste technique commence à être « saisi au vol » et disséqué, magnifié, et je découvre la violence fantastique de la télévision. Elle peut faire et défaire...

Le football est, à cette époque-là, le « roi des sports ». On assistera, ensuite, au même phénomène avec le tennis et la formule 1. Le sport, à la télévision, devient un vrai spectacle et un enjeu financier gigantesque. Un journaliste sportif de télévision est de moins en moins un journaliste comme les autres. On lui demande de faire vivre un événement d'une ampleur populaire considérable, insensée, et son enthousiasme doit être à la mesure de cette ampleur, de cette folie. On ne lui demande pas d'être objectif, on lui demande de se mouiller, de mouiller sa chemise, d'être « dedans », d'être « avec », et non de garder un certain recul critique... C'est toute la bagarre qui oppose le ghetto des spécialistes à l'attitude des reporters-télé. Il existe une petite chapelle de gens, lecteurs de *L'Equipe* entre autres, qui pensent que les commentateurs de télévision manquent de rigueur dans leur appréciation du jeu, sont trop complaisants avec « nos » joueurs. Il y a un fossé entre ces stratèges du café du commerce et nous. La démonstration parfaite, c'est Couderc qui était le seizième homme de l'équipe de France de rugby. « Allez les petits ! »... Il avait tout compris.

Ayant disposé très tôt d'un magnétoscope, que je me suis offert dès que j'ai eu un peu d'argent de côté, j'ai pu conserver presque tous « mes » matches sur cassette. Et quand je me réécoute, je suis sidéré, justement, par l'enthousiasme qui est le mien au micro. L'école de Couderc... C'est l'exaltation de quelqu'un qui est loin d'avoir fini de réaliser son rêve...

L'an dernier, encore, à l'issue des tirs au but du fameux France-Brésil au Mexique, quand je m'adresse à Fernandez et que je le supplie de ne pas rater « le » penalty, quand j'annonce en hurlant la qualification de la France pour les demi-finales, libérant ma joie au nom de tous les téléspectateurs français, c'est plus fort que moi, je « m'oublie », c'est l'effet transcendant du direct. Plus spontané que ça... Deux heures avant, on ne sait pas si le match va être foudroyant ou décevant, et quelques instants après on se rend compte qu'on est en train de commenter un événement qui restera dans toutes les mémoires. Alors, on plonge ! On s'enflamme, on devient lyrique. Tant pis pour les pisse-froid. Ce sont des rabats-joie...

Cette Coupe du monde au Mexique était très dure, pourtant. Il y avait un match par jour à commenter, on prenait l'avion le matin, on passait d'une température à l'autre, les horaires étaient folklo. Il ne faut pas croire... A Montéré, il a fait 40° ! Heureusement, c'est tout les quatre ans... Et heureusement, l'organisation change avec les pays. A Mexico, il fallait vérifier par nous-mêmes que les images arrivaient bien jusqu'en France ! Vous vous souvenez du cafouillage technique... On n'était jamais sûrs du son, notamment. « J'espère que vous m'entendez », disais-je sans arrêt.

Joseph Choupin, inébranlable coordinateur et cheville ouvrière du service des sports depuis vingt-cinq ans, s'arrachait les cheveux tandis que sa collaboratrice Rose-Marie Pilot téléphonait à son mari à Paris pour vérifier que l'on nous recevait bien. Mauvaises conditions de travail...

Le reporter sportif qui a une vraie vie extraordinaire, c'est celui qui « couvre » la Formule 1. Il passe du Grand Prix du Canada à celui de Rio, via l'Afrique du Sud, l'Australie, l'Amérique deux fois, le Japon, le Portugal, l'Angleterre, sans oublier la France évidemment. Douze grands prix qui représentent une sorte de tour du monde dans les meilleures conditions, je veux dire, dans des conditions moins éprouvantes, ou moins périlleuses, que de suivre le Paris-Dakar ou une course transatlantique. Le reporter qui « fait » la Formule 1 est huit mois par an aux quatre coins du globe, c'est lui qui se ballade le plus, il a une vie de milliardaire sans l'être, ce n'est pas désagréable...

Non, je n'ai jamais commenté la Formule 1. Mais j'ai accompagné Roger Couderc aux 24 heures du Mans, ce qui est différent, bien sûr, puisque c'est une course d'endurance. C'était en 1965. Sur les bords du circuit, j'ai tendu le micro à celui qui s'occupait du programme Matra de Beltoise, en tant qu'ingénieur, c'était Jean-Luc Lagardère...

La Formule 1, j'adore ça. La télévision donne peut-être l'impression que ça ne roule pas si vite que ça...

Un peu comme au tennis : on ne se rend pas bien compte de la vitesse de la balle. Contre-information optique... Mais regardez bien l'image, quand la caméra est à l'intérieur d'une voiture, dans le dos du pilote, regardez bien la main droite du conducteur, le nombre de fois où elle change de vitesse, il est à 250-300 kilomètres à l'heure, regardez comment chaque virage lui arrive dessus, comment il lutte contre la force centrifuge, regardez sa tête qui résiste, il faut des cervicales en acier, regardez comment le paysage défile, sur sa droite, il va plus vite que le TGV, regardez les vibrations de la voiture quand il double. Pour vous donner une idée, un Airbus décolle à 200 kmh, un Jumbo, un 747, à 300 kmh, mais ils pèsent des tonnes. Or, ce sont des plumes, ces voitures, elles pèsent 450 kg, à peine 500, ce qui explique qu'il n'y a pratiquement pas de suspension, les pilotes sont au ras du sol. Ils subissent autant de « jets » qu'un pilote de « Rafale ». Quand ils sont debout, elle leur arrive à la hanche, la voiture ! D'ailleurs, souvent, ça fait des étincelles, entre le bolide et le macadam. Il n'a que quelques centimètres ! Oui, la petite antenne qui dépasse, c'est pour pouvoir parler avec le stand, avec le chef de course. C'est de cette façon que le pilote prévient qu'au prochain tour il va changer de pneu. Et l'aileron qui est à l'arrière, c'est pour plaquer la voiture, pour qu'elle tienne la route. Tout un système de volets. On a le sentiment qu'elle est sur des rails, en fait le pilotage de ces engins est très dur. Un pilote de Formule 1 risque tout le temps sa vie, à l'entraînement, aux essais, en course. C'est un mort en puissance. Il suffit d'un incident mécanique, d'une roue mal remise, d'un pneu qui éclate à 300 kmh, d'une tache d'huile sur la route, d'un extincteur qui arrive une seconde trop tard alors que les réservoirs sont pleins, 250 litres... Sans parler des risques qu'un champion prend sciemment parce qu'il doit absolument dépasser son adversaire direct. Mansell doublant son ennemi « mortel » Piquet, au Grand Prix d'Angleterre en juillet dernier... Les pneus qui se frôlent, se touchent, un centième de seconde. A ce moment-là, tout peut basculer... Oui, j'adore la Formule 1. J'aimerais la commenter, comme je viens de le faire pour la première fois à haute voix, commenter l'image plus que la course. Raconter ce qu'il y a dans la tête du pilote. J'aimerais... J'adore Prost qui a une intelligence inouie de la compétition. Vous savez, deux « grands » du sport résument à eux seuls la façon que j'ai de gérer ma propre carrière. Ce sont Anquetil et Prost. L'un comme l'autre ont montré, montrent, que l'important n'est pas la victoire d'étape, n'est pas de gagner un Grand Prix par-ci par-là, mais d'arriver n° 1 au classement général.

C'est vrai que je puise essentiellement dans le sport les métaphores qui me permettent d'avancer dans la vie, ou d'éclairer mon point de vue sur tel ou tel sujet. J'ai noté qu'on a employé le terme de « transfert », fréquent dans le monde sportif, notamment celui du football, pour qualifier les récents va-et-vient de certains animateurs-télé... Je dirais qu'en effet le problème est moins de connaître le nombre de stars dont on a besoin que de définir le système du jeu qu'on va employer. Dans une équipe de football, si vous avez besoin d'un bon milieu de terrain, d'un bon avant-centre, d'un bon arrière, et que vous décidez d'acheter trois milieux de terrain, ou trois avants, ou trois arrières, vous êtes obligé d'en laisser deux sur la touche, c'est le problème. Ce n'est pas l'accumulation de stars venues d'ailleurs qui a le mieux profité à Saint-Etienne, ou au Racing... Vous voyez, le sport est un formidable puits d'enseignements, une formidable « école », je l'avais compris tout de suite !

C'est le tennis que je préfère. Je le pratique moi-même, dans ma propriété en Normandie. Souvent, l'été, avec Jacques Rouland, qui réside à quelques kilomètres de là, ou avec un de mes frères, certains dimanches... Ou tout seul ! J'ai une machine très amusante qui m'envoie les balles. Je peux me prendre pour McEnroe sans que personne ne le sache. Ma machine est complice. Elle se tait..

Cela dit, mon plus grand choc sportif, je crois que je le dois au ski. A Jean-Claude Killy, en 1968, aux jeux Olympiques de Grenoble. C'est mon plus grand choc de ces années-là, en tout cas. Nous sommes le jour de la Descente... Killy a déjà gagné le Slalom géant et le Spécial, il est dans la première série de cette descente, qui comprend les quinze meilleurs. Killy part avec le dossard n° 14. Avant lui, Schranz a fait un temps fantastique et Périllat un temps meilleur encore. La piste se dégradant, seul Killy peut les inquiéter. Et Killy le sait, il sait que les deux autres ont réalisé une performance éblouissante et qu'il n'a pas le choix : ça passe ou ça casse... En bas, Périllat a 90 % de chances d'être champion olympique de descente, le couronnement de sa carrière. Killy se lance, défiant tous les dangers, fixant l'impossible, et franchit la ligne avec 8 centièmes de seconde en moins ! Soit l'équivalent d'une spatule de ski... Oui, sur 2 kilomètres 200, Killy bat Périllat d'une spatule, et devient triple champion olympique ! Et cette spatule, sur laquelle il s'est concentré, sur laquelle il a joué sa vie, on ne sait pas encore qu'elle va représenter des milliards... Fabuleux ! Car Killy, alors âgé de vingt-quatre ans et malgré l'euphorie de la victoire, annonce aussitôt qu'il arrête la compétition, explique qu'il ne pourra pas faire mieux dans quatre ans à Innsbruck. Il a cette lucidité exceptionnelle de savoir partir au sommet. Pour moi, c'est aussi beau que Brel décidant d'abandonner la scène parce qu'il préfère se retirer avant de se répéter...

Alors, un Américain, Mac Cormack, comprend que

ce Killy est très intelligent et le prend dans son écurie pour développer avec lui un nouveau style de business : utiliser et gérer la notoriété d'un sportif pour lancer un produit. En l'occurrence, le ski aux Etats-Unis. En France, on ne dit pas encore « marketing » ou « sponsoring », le mot est plutôt « management », et encore, il n'a pas une cote extraordinaire, la « réussite à l'américaine » est mal vue, si je puis dire. Killy, avec son physique d'acteur et ses trois médailles d'or, devient une idole aux Etats-Unis et fait fortune... Les Français qui, à l'époque, n'avaient pas bien compris, applaudissent aujourd'hui. Et rendent hommage à sa volonté d'entreprendre quand Albertville, grâce à lui, décroche les Jeux d'hiver...

Les sportifs, à ce niveau-là, sont des hommes d'une intuition rare. Ce sont des renards, des hommes d'instinct. Ils parlent peu et comprennent tout. Anquetil, Prost, je vous dis, mais aussi Killy, Pelé, Platini, Hinault, sont des gens plus intelligents que beaucoup d'intellectuels que j'ai rencontrés. Merckx aussi, oui, Merckx, même si ça paraît étonnant, même s'il a fait ce « Tour de trop » qui l'a empêché de réussir sa sortie. Merckx, je l'ai vu courir avec la tête...

Le cyclisme est un sport qui est de mon pays. Je veux dire, Jacques Anquetil est normand... Et Gérard Saint, qui était en train de devenir un grand champion quand il s'est tué en voiture, habitait à Argentan, à trente kilomètres de Vire.

Le Tour de France, j'en ai suivi des morceaux, des étapes. C'est prodigieux.

Quand on suit le Tour, il faut être devant la voiture-balai pour découvrir ce que représente le dur anonymat de ceux qui n'ont pas la classe de Stephen Roche et qui en bavent. En queue, les smicards du peloton font reculer les limites de la douleur humaine. On les voit mourir, on les voit vieillir de quinze ans. Le cyclisme est le plus dur de tous les sports. J'ai vu dans le Tour de France des types de vingt-cinq ans qui avaient un visage de cinquante ans sur la ligne d'arrivée. Et qui, une heure après, récupèrent...

Bien sûr, l'étape proprement dite, on la vit mieux devant son poste de télévision. Le Tour de France est la plus grande réalisation en direct du monde. La retransmission du passage des coureurs dans les cols, vous imaginez ce que c'est ? La clarté du son du gars qui est sur sa moto... On est dans le dérailleur du coureur... On oublie que cela représente un exploit technique quotidien. Le téléspectateur français est très gâté. Il a la meilleure télévision du monde, côté retransmissions sportives. Qu'il s'agisse du Tour ou de Roland-Garros, sans reparler de la Formule 1. Qu'il s'agisse même du défilé du 14 juillet sur les Champs-Elysées. Show magnifique... Les équipes de la SFP sont les mieux formées, elles ont en leur sein les meilleurs techniciens, les meilleurs réalisateurs, les meilleurs preneurs de son... On a, à cet égard, dix ans d'avance sur les autres télévisions. Un atout qu'on ne doit surtout pas sous-estimer, à l'heure de la concurrence internationale.

Ce qui est frappant, c'est que les coureurs eux-mêmes essaient de faire quelque chose pour se montrer dès que commence le « direct de la route du Tour ». Le petit coureur finit par savoir où sont les caméras grâce à la complicité étonnante qui règne entre les cadreurs et eux. Jacques Laviron, mort l'année dernière, a été le premier à suivre le Tour sur une moto HF, à l'époque où il n'y en avait qu'une. C'est lui qui filmait les quinze derniers kilomètres et c'est lui qui a créé, installé, cette complicité. Il a appris aux coureurs à se placer par rapport à l'objectif. J'exagère à peine. Aujourd'hui, le petit coureur espère que le cameraman fera un plan de lui, pour que sa famille le voie, pour sortir un instant de l'incognito, pour que Robert Chapatte prononce « Dossard n° 115, Patrick Dupont »... C'est très émouvant. Par exemple, au cours du dernier Tour de France, lorsque Martial Gayant endosse le maillot jaune à Chaumeil-les-Monédières et que, dans l'émission de Jacques Chancel « A chacun son tour », il ne cache pas qu'il est bien conscient que ce maillot ne va pas rester longtemps sur ses épaules mais que c'est une occasion

« en or » de se faire connaître du grand public grâce à la télévision qui s'arrête sur lui, quand il dit ça et ajoute qu'il en est fier vis-à-vis de sa femme et de ses parents, c'est un langage réaliste et nouveau. On est loin du « je tâcherai de faire mieux la prochaine fois »...

Les coureurs ont, en quelque sorte, appris à communiquer. Même Poulidor, regardez comme il s'exprime à la télévision, maintenant. Regardez comme Anquetil fait un vrai travail de journaliste, aux côtés de Chapatte. Et, plus généralement, regardez comment Leconte ou Noah analysent leurs victoires ou leurs défaites à chaud, avec un calme extraordinaire.

Ils deviennent de sérieux concurrents ! Ils nous poussent à être plus pointus encore, à nous renouveler. Encore que ce soit difficile. On tourne vite en rond, dans le reportage sportif. Une fois qu'on est rodé, opérationnel, il n'y a rien qui ressemble plus à un calendrier de Championnat de France qu'un autre calendrier de Championnat. Rebelote chaque mois d'août... Si l'on reste trop longtemps dans la même discipline, dans le même domaine, on devient un fonctionnaire... C'est pour cette raison que je ne m'en suis pas tenu aux sports.

Bien au contraire !

Avant même de faire mes premiers pas dans le monde des variétés, en présentant « Tilt », je me rends souvent dans les coulisses de « Télé-Dimanche », cette émission-phare de l'après-midi dominical au cours de laquelle, je vous l'ai dit, je présente quelques résultats sportifs. Lancée, et longtemps portée par Raymond Marcillac, cette émission m'attire parce que j'y ressens une formule possible pour l'avenir, celle qui consiste à mélanger les genres. Dans « Télé-Dimanche », la chanson sert de virgule entre les différentes retransmissions sportives, je ne sais pas si c'est ce mélange-là qui convient, mais ça me séduit, j'observe, je réfléchis, je traîne parmi l'agitation qui est la loi de toute réalisation en direct.

Et je me trouve là, dépêches à la main, ce fameux

dimanche de 1965 quand le « Radio Crochet » de l'émission va révéler en quelques secondes Mireille Mathieu. Mireille... Je la revois sortant de sa loge, priant la Sainte Vierge. On l'aide à fermer sa robe. Elle est arrivée d'Avignon la veille, où elle est postière, elle a été sélectionnée par un jury dont la présidente est Nanou Taddei, détail important puisque c'est l'ex-épouse de Johnny Stark. Nanou Taddei travaille avec Marcillac et c'est comme ça que Stark va devenir l'impresario de Mireille, c'est comme ça qu'il va être rapidement amené à s'intéresser à elle. Ce jour-là, il est devant son poste, il entend, il téléphone tout de suite à Nanou... De toute façon, un grand flair professionnel n'était pas nécessaire, cet après-midi-là, pour comprendre que cette petite avait non seulement une voix extraordinaire — cette voix de Piaf, comme un écho, comme une réincarnation... — mais un visage terriblement télégénique et une volonté, un sérieux exceptionnels. Le « potentiel », si je puis dire, sautait aux yeux, aux oreilles... Même le public a « identifié » Mireille Mathieu tout de suite, ce qui est très important, déterminant.

La même chose est arrivée à Thierry Le Luron, dans le même contexte. Il s'était présenté au « Radio Crochet » comme chanteur d'opérette — sa véritable ambition, au départ — et non comme imitateur. La magie a opéré tout de suite. Cette présence vocale, ce regard... En moins que rien, Thierry Le Luron et

Mireille Mathieu ont gagné parce que l'évidence de leurs dons était telle qu'ils n'ont pas été oubliés une fois le poste éteint. C'est l'histoire de mes feuilles tremblantes, toute proportion gardée... Si l'on se grave immédiatement dans la mémoire du téléspectateur, on a marqué un point capital.

Aujourd'hui, cela va être de plus en plus difficile, voire impossible. Le zapping[1] ne va pas aider à la mémorisation. Pour se souvenir d'une image, ça va être terrible... Car à l'époque de « Télé-Dimanche », il n'y avait qu'une chaîne. Et la conséquence de cette situation était la même que pour « Sport-Dimanche » faisant le plein entre le journal et le film : ce programme unique était un passage obligé pour le téléspectateur qui s'installait devant son récepteur. Il ne pouvait pas filer ailleurs. On néglige trop souvent cette donnée dans les conclusions bâtardes que l'on tire d'une comparaison hâtive entre hier et aujourd'hui. Hier, « Télé-Dimanche » ne pouvait être qu'une émission « regardée », forcément regardée, quelle que fût l'appréciation que pouvait porter le public sur cette alternance de sports et de variétés. La preuve : quelques années plus tard, avec le même principe ou presque, j'ai essuyé un demi-échec en proposant et en présentant « Sports en fête ». L'idée était pour-

1. Zapper : passer continuellement d'une chaîne à l'autre grâce à l'utilisation intensive de la télécommande.

tant de la même famille que celle de « Télé-Dimanche ». Mais il y avait désormais deux chaînes...

J'avais poussé la formule plus loin puisque non seulement des chanteurs mais également des acteurs venaient se « mélanger » aux sports. Et alors, j'ai découvert qu'il n'y avait plus un seul public, mais au moins deux, de nature différente, le public du sport et le public de la variété. Je ne satisfaisais ni vraiment l'un ni vraiment l'autre. D'où cet accueil mitigé. Quand je m'efforçais de faire parler « sports » à une actrice de cinéma, ça ne donnait rien. Et quand je mettais fin à une séquence « spectacles » pour une heure et demie de match, je ne récupérais pas les gens qui étaient là au début de l'après-midi. Ils ne savaient pas quand ça allait se terminer. Ils tentaient l'autre chaîne au lieu de patienter... Aujourd'hui, le téléspectateur qui regarde Nathalie Baye sur le plateau de « A la folie, pas du tout », il ne s'intéresse pas à la rencontre de rugby qui a lieu pendant ce temps...

C'est ce qu'on appelle les « cibles », langage spécialisé qui montre bien les limites du mélange des genres. Grâce à l'expérience de « Sports en fête », j'ai appris par la suite à mettre dans une même émission des ingrédients différents entre lesquels il n'y a pas d'incompatibilité insurmontable. Le public non sportif supporte Prost si je le reçois comme une star, en nœud papillon... Le public non mélomane supporte Lorin Maazel si je le reçois comme une idole... Et ça devient

« Champs-Elysées » avec Mireille Mathieu, Yannick Noah et Rostropovitch sur un même plateau !

Vous me dites que le sport, pourtant, a été « réhabilité » ces dernières années, que même les intellectuels font du jogging, regardent le foot à la télé et osent le dire, le clament à haute voix, et que l'effort physique n'est plus considéré comme l'inverse de l'effort cérébral... Soit. Mais ça n'a rien à voir ! C'est dû au fait que le football comme le tennis sont devenus de véritables spectacles, surtout dès qu'il s'agit de finales au sommet, attirant ainsi des couches très différentes de la population. Ça ne signifie pas que l'actualité sportive et l'actualité cinématographique puissent efficacement se partager le même gateau horaire sur le même canal. Ce sont des mélanges qui font tourner la tête, qui font se détourner le téléspectateur. A moins de trouver un dénominateur commun à ces univers différents et de considérer chaque personnalité dans son domaine comme une vedette à part entière. Alors, vous ne dépaysez personne, vous êtes dans un seul et même lieu et non plus un coup au stade, un coup sur scène. Souvenez-vous, lorsque j'ai reçu, un samedi soir, à « Champs-Elysées », les 22 joueurs de l'équipe de France en partance pour le Mexique, l'année dernière... Ils ressemblaient moins à des joueurs de foot qu'à des dandies ! Les gros plans, sur eux, étaient les mêmes que pour un play-back de chanteur. Il y avait unité de ton. L'unité « stars ».

D'ailleurs, ce soir-là, le gardien de but Joël Bates aurait pu chanter, c'est vrai, puisqu'il venait d'enregistrer un disque ! Mais c'est encore une autre manière de voir les choses. Si vous voulez, le mélange des genres chez une seule et même personne n'est pas le même problème qu'à l'intérieur d'une même émission. Ce n'est pas parce que je viens du sport et que je fais de la variété, ce n'est pas parce que ces deux disciplines me sont familières, que je dois les mêler sans précaution. Etre polyvalent, c'est pour soi, pour durer, pas pour « s'annuler ». Ça doit être un atout qui se gère, pas un joker qu'on sort n'importe comment. Etre polyvalent, c'est un « plus », pas une obligation. D'autres journalistes venant du sport sont passés à autre chose sans conserver les deux activités. Collaro, par exemple. Il est vrai que son histoire est très différente de la mienne. Il a suffi d'un accident pour que Stéphane se révèle grand producteur, grand homme de divertissement, sur-doué du comique. Il a suffi qu'il soit viré du service des sports par Georges de Caunes et que Jacques Martin l'engage au « Petit Rapporteur » pour exploser. Là aussi, on a tout de suite vu qui s'imposait, dans la fine équipe...

Georges de Caunes venait d'être nommé à la tête du service des sports et avait décidé de changer certains éléments. Rétroactivement, Stéphane Collaro lui doit une sacrée carrière !

Je ne suis donc pas le seul à être venu du journalisme, ce journalisme dont on dit qu'il mène à tout à condition d'en sortir... D'autres, aujourd'hui, commencent à leur tour à devenir polyvalents, comme Michel Denisot, moitié « Zénith » moitié football sur Canal Plus, ou Patrick Poivre d'Arvor qui présente le 20 heures de TF1 tout en continuant d'animer son émission de « variétés » du dimanche après-midi, émission qui lui permet de lever le voile sur un autre aspect de sa personnalité. S'il l'avait voulu, Bernard Pivot aurait pu, lui aussi, se « diversifier », il a une telle aisance... Il a d'ailleurs commenté en partie le Mundial de 1986. Mais une chose est sûre, il ne faut pas attendre indéfiniment, sinon on est trop marqué par son premier « rôle ». J'ai eu cette possibilité d'élargir très tôt mon champ d'action. Une aubaine. Ai-je ouvert une voie ? me demandez-vous... Ce n'est pas à moi de prétendre que « Zénith » ou « C'est encore mieux l'après-midi » sont à inscrire dans la lignée de mes « Rendez-vous du Dimanche ». Je vous laisse l'entière responsabilité de cette observation...

« Les Rendez-vous du Dimanche » représentent une étape fondamentale de mon itinéraire. C'est là que j'ai pu affirmer ce dosage, faire se rencontrer des gens d'univers différents qui, soudain, cohabitaient avec bonheur.

« Les Rendez-vous du Dimanche » ont été le premier talk-show hebdomadaire de notre télé. En concevant cette émission avec Françoise Coquet et Rémy Grumbach — l'homme qui m'a offert ma chienne Zaza —, j'ai trouvé le vrai mélange des genres : celui d'une actualité sérieuse et d'une actualité légère. On a commencé en 1972 et je suis devenu le plus jeune producteur. Et ce sont les « Rendez-vous » qui m'ont fait passer de la notoriété à bien plus que cela...

Pour nous résumer, disons que jusqu'au début des années soixante-dix je suis un commentateur connu et qu'à partir de 1972, je suis associé au succès des « Rendez-vous » et c'est autre chose. Ce style « talk-show », je le reprendrai un jour... Mais plutôt le soir. A l'américaine. Le vrai talk-show de fin de soirée. « Droit de réponse » n'est pas exactement cela, c'est une émission polémique et thématique. Le talk-show, c'est l'air du temps, les gens passent, viennent bavarder, un peu comme au « Pop Club » de José Artur mais en télévision. Oui, le grand talk-show parisien reste à monter. En direct à 23 heures. Il y a un peu de cela, déjà, dans les fins de soirée proposées depuis cette rentrée 87 sur TF1 et la Cinq. Rien que d'en parler, cela crée en moi le désir de m'y remettre tout de suite...

En tout cas, c'est vous dire combien les souvenirs de ces « Rendez-vous du Dimanche » sont forts... J'y ai pris date, il est vrai, avec les noms les plus prestigieux du cinéma international. L'émission n'a peut-être pas fait des cinéphiles mais elle a envoyé beaucoup de monde dans les salles. C'était l'une de ses missions.

J'y ai reçu Robert Mitchum dont la docilité m'a surpris. Ce grand gaillard, mythe ambulant, est la gentillesse même, d'un professionnalisme tranquille, agréable. Il était face à Yves Montand et j'ai veillé pendant toute la séquence à ne pas me laisser écraser par ces deux mammouths !

J'ai reçu Robert de Niro qui me confie, à cette occasion, qu'au début des années soixante, à Paris, il a « fait l'artiste » place du Tertre, et que pour gagner un peu de fric il a été figurant dans un film de Marcel Carné, *Trois chambres à Manhattan* ! Il avait une petite chambre, à Montmartre, que nous avons retrouvée... C'était en 1974.

J'ai reçu Sylvester Stallone, pour la sortie de son premier *Rocky*. Et le voilà qui me raconte à l'oreille son passé en Europe ! Il m'avoue qu'à vingt ans à peine il était moniteur d'éducation physique dans une pension suisse réservée aux enfants des têtes couronnées. Il m'apprend qu'à la même époque il fut engagé dans un cirque français où il avait pour titre : « Gardien de la ménagerie, responsable de l'entretien et de la nourriture des lions ! »

J'ai reçu Jack Nicholson et Roman Polanski, et ce dernier m'explique que, quelques années auparavant, tous les deux ont partagé avec Marlon Brando un appartement dans l'île Saint-Louis à Paris. Ils avaient pour copain un certain Claude Berri...

J'ai reçu Milos Forman, le célèbre réalisateur du *Vol au-dessus d'un nid de coucous,* qui me demande ce jour-là de lui réserver un chien de Zaza ! Ce que je n'ai jamais pu lui offrir... La plupart du temps, c'est vrai, je présentais ces « Rendez-vous du Dimanche » avec elle à mes côtés. Ma chienne Zaza... C'est ce qui l'a lancée ! Zaza pointant son museau fin et intrigué vers la caméra. Ou feignant l'indifférence... Elle continue de me suivre partout, à la maison, mais je ne veux plus qu'elle court les studios. Elle est trop âgée.

J'ai reçu Shirley Mac Laine, qui est arrivée une heure avant tout le monde et comme personne n'était encore là, elle a attendu assise dans le hall ! Elle débarquait de Londres et elle a attendu, sur une chaise, comme ça, que les techniciens reprennent, que nous arrivions. Femme toute simple, pas obsédée, comme d'autres stars, par son maquillage ou son bon profil, femme qui patiente gentiment dans un hall banal alors qu'elle s'appelle Shirley Mac Laine... Vertigineux. Heureusement, je l'ai reconnue ! D'autres, qui m'accompagnaient, étaient passés sans la remarquer. On aurait fait belle impression...

Moins drôle est le souvenir de la visite de Maria Schneider, quelques années après *le Dernier Tango à Paris*. Elle n'a pas dit un mot parce que, visiblement, elle était dans un état second. « *Proche de l'Ohio* », comme dirait Adjani dans une chanson de Gainsbourg... Je lui posais des questions, elle ne répondait pas. Il y avait Bernard Blier à côté de moi, sur le plateau, et je sentais qu'il me regardait en se disant : « Comment va-t-il s'en sortir ? » Les minutes s'écoulaient, j'insistais, elle restait muette. Je faisais les réponses moi-même, comme je pouvais, avec l'air entendu de celui qui interprète ces silences. A un moment, quand même, elle a parlé. Je lui ai demandé : « Pourquoi, après *le Dernier Tango*, n'avez-vous pas tourné davantage ? » Dans un balbutiement, elle a dit : « Un problème d'assurances. » Alors, j'ai compris que c'était quelqu'un qui avait une vie et une santé en dents de scie, qu'elle avait eu des histoires avec les compagnies d'assurance pour des raisons délicates à étaler en direct. Elle avait fait de la prison à Rome où elle avait été arrêtée avec une de ses amies pour usage de stupéfiants, enfin, quelque chose comme ça.

Deux autres femmes ont marqué « Les Rendez-vous du Dimanche », Angela Davis et Simone de Beauvoir, deux noms qui montrent bien que je n'hésitais pas à ouvrir l'émission tous azimuts !

Dans ces années-là, les années soixante-dix, Angela Davis représentait encore quelque chose. Sa splendeur militante était derrière elle mais elle avait une sorte de multiprésence. Ça n'était plus seulement la « rebelle noire », l'activiste politique, elle pouvait tout aussi bien, dans ce décor-télé, être une activiste en affaires, une activiste en show-biz, son allure brouillait les pistes. Son physique la faisait ressembler à une star. Je comprenais qu'elle fût une championne du poster dans l'après-68... Super Angela !

En la voyant, je ne pouvais pas ne pas songer à Mai 68, justement, et à ce qu'aurait représenté son passage à la télévision quelque temps plus tôt... Une « provocation subversive ». On disait bien comme ça ?

68... Ma chance fut d'avoir 25 ans, là aussi. D'être jeune. J'ai été viré comme bien d'autres mais réintégré plus vite. Ceux qui étaient plus proches de la cinquantaine que de la trentaine ont vécu un véritable drame. Couderc, Chapatte, Darget, Maurice Séveno, Roger Louis... L'hécatombe. Pour certains, la traversée du désert n'a jamais pris fin. Le come-back, à ce niveau-là, est impossible. Quand on n'est plus là, le public oublie. C'est aussi simple que cela. C'est ce que ne veut pas comprendre Muller, le héros de mon roman *la Chaîne*... D'autres sont revenus, comme Couderc, mais on lui a fait perdre les huit plus belles années de sa vie. A propos de Roger, de Gaulle avait trouvé « inconvenant » qu'un journaliste sportif fasse de la politique. « Vous rappellerez à Couderc, avait dit le Général, que je ne lui ai jamais demandé de soutenir l'équipe de Dax contre celle d'Agen. » Véridique. Robert Chapatte aussi, est revenu. En 68, le pouvoir politique pesait autrement qu'il ne pèse maintenant. De Gaulle était un grand communicant mais pas un partisan du pluralisme. Depuis, la télévision a nettement évolué. On s'est beaucoup plaint du poids que pèsent l'Etat et la politique sur les chaînes. Maintenant, on va voir quel va être le poids du commercial, le poids des annonceurs sur le programme...

Donc, Angela Davis aux « Rendez-vous du Dimanche », c'est un signe que les temps changent. Tout comme, bien sûr, la venue dans l'émission de Simone de Beauvoir. Oui, Simone de Beauvoir...

Un film, qui lui était consacré, venait de sortir dans deux salles du quartier Latin et pour en faire la promotion, au lieu de choisir « Radioscopie » ou « Apostrophes », ou le « 20 heures », elle avait suivi le conseil des réalisatrices du film, Josée Dayan et Malka Ribowska, et s'était tournée vers moi. Elle ne connaissait pas mon émission. Sartre et Simone de Beauvoir ne regardaient pas « la télévision de Giscard d'Estaing »... Dayan et Ribowska lui avaient montré une cassette. Et elle avait décidé qu'en effet ce serait « Les Rendez-vous du Dimanche ». Plus tard, elle ajoutera : « J'avais envie de toucher le plus grand nombre. »

Elle me convoque chez elle. Moi qui n'avais jamais rien lu de son œuvre, je m'envoie *les Mémoires d'une jeune fille rangée* et *le Deuxième Sexe.* Je me documente, je lis tout à son propos. Et je note qu'à l'époque où elle était professeur, elle ne s'intéressait qu'aux premiers rangs de la classe, qu'aux sujets brillants. Alors, au cours de ma première visite, je la préviens tout de suite, en souriant : « Vous savez, madame, notre rencontre est surréaliste. Je suis un autodidacte, je n'avais pas lu grand-chose de vous il y a encore huit jours, j'ai été un très mauvais élève et quand vous étiez professeur de philosophie, on ne risquait pas de se croiser, car moi, j'étais plutôt au fond de la classe, près du poêle. »

Elle trouve ça « étonnant » et me répond : « Ecoutez, je vous fais confiance, je viendrai à votre émission. Je ne vous demande qu'une seule chose : ne me faites pas cautionner des chansonnettes déshonorantes. » Je comprends qu'elle est en train de me dire, en substance : « N'oubliez pas que je suis Simone de Beauvoir et ne me mélangez pas à des gens qui n'appartiennent pas à ma famille de pensée car je serais très malheureuse... » Et elle m'annonce qu'elle ne veut pas être en public, au milieu des chanteurs. Je la rassure. Je lui explique qu'on va enregistrer son interview et que, toutes les dix minutes, je lancerai les séquences-variétés prévues. Que je ferai monter l'ensemble après.

Je ne lui dis pas tout. Je lui réserve une surprise. Je ne mets au générique de l'émission que des artistes comme Mouloudji, Juliette Greco, Maxime Le Forestier. Des chansons écrites par Sartre, Boris Vian,

Prévert. Je crée une ambiance Saint-Germain des Prés, pour constituer quelque chose d'homogène. Le jour venu, elle regarde... Le lendemain, je reçois une lettre dans laquelle elle m'exprime toute sa considération, et quelques jours plus tard elle m'avoue : « Il m'aura fallu trente-cinq ans pour que mon boucher me reconnaisse... » ! Elle n'entendra que ça, dans son quartier, en se promenant : « Ah, on vous a vue à la télé, dimanche... » Elle a fait un score aussi important que Belmondo ou Sophia Loren. Pour moi, c'est la preuve que lorsque le public accorde sa confiance à un guide, il le suit. Evidemment, l'interview était moins en profondeur qu'à « Apostrophes ». Mais quand on s'adresse à douze millions de téléspectateurs, il faut essayer de vulgariser le mieux possible.

Résultat : le film de Dayan et Ribowska est sorti dans quatre salles au lieu de deux. C'était l'objectif de Simone de Beauvoir... Elle venait de comprendre l'usage que les intellectuels pouvaient faire de la télévision, le profit qu'ils pouvaient tirer des émissions dites « faciles ».

La presse, elle, n'en revenait pas. Elle était désarçonnée. Elle ne savait pas s'il fallait applaudir ou bouder. Elle se posait la question : « Qu'est-ce que Beauvoir va faire chez Drucker ? », et se gardait bien d'apporter une réponse. Elle prenait ça avec des pincettes. Pour les critiques de télévision qui officiaient en ce temps, c'était presque du gâchis, cette confiture donnée à des cochons... L'idée reçue, à l'époque, était qu'un message d'un certain niveau doit être transmis dans un certain type d'émission, pas dans un autre. C'est cela qui m'a longtemps agacé. Je reviens toujours au mélange des genres. Aujourd'hui, heureusement, on n'en est plus là. Presque plus là.

Aujourd'hui, même les artistes les plus exigeants ont fini par admettre que pour être entendu du grand public, il faut savoir délaisser les émissions où ils ne retrouvent que les initiés, les spécialistes, les convaincus d'avance. Ils se sont rendus à cette évidence, et ils prennent même plaisir à rencontrer des gens qui n'appartiennent pas à leur famille. Je suis sûr que Rostropovitch était fou de joie à « Champs-Elysées » : je l'ai reçu comme je reçois David Bowie. Il y a une sorte d'intérêt réciproque à pratiquer ce décloisonnement des styles.

Bernard Pivot a beaucoup contribué à modifier le comportement des intellectuels à l'égard de la télévision. Ils ont découvert, grâce à lui, que l'on pouvait passer dans une émission plutôt grand public sans pour autant perdre son âme... Ils ont découvert qu'il n'y avait pas de honte à se montrer dans des émissions... regardées. C'est-à-dire qu'à un certain moment de leur vie, ces gens-là ont voulu être intellectuellement cohérents : s'exprimant toujours au nom du peuple et des plus défavorisés, ils se sont mis à fréquenter les émissions suivies par « les masses »...

Simone de Beauvoir est l'exemple le plus « extrême » de ces invités du « troisième type »... Mais Signoret et Montand ont, eux aussi, montré l'exemple. Souvent. Lorsque Simone Signoret est venue en 78 aux « Rendez-vous » et que, vers la fin de l'émission, elle a demandé à l'équipe de France de football de ne pas aller jouer en Argentine, alors sous dictature, j'ai trouvé que c'était très fort parce que c'était dit dans une émission ayant un « bon ton ». Cet appel n'aurait peut-être pas fait autant de bruit s'il avait été lancé à un autre moment du programme, plus approprié. Simone Signoret était proche à la fois des intellectuels et des spectateurs innombrables de ses films. Elle avait une sensibilité populaire authentique, du fait de son statut d'actrice populaire. Tout comme Montand, son engagement politique ne l'a jamais coupée du public. Accueillie à bras ouverts par les intellectuels de gauche, elle n'en restait pas moins l'inoubliable partenaire de Gabin, l'héroïne de *Casque d'or*... Bien sûr, les derniers temps, quand elle a commencé à perdre la vue, elle a eu une attitude très en retrait vis-à-vis des médias. Femme adulée, pleine de charme et de vivacité, elle devenait subitement une handicapée, c'était un drame pour elle. Venir à la télévision représentait une épreuve insurmontable : traverser un plateau, se méfier des marches, tâtonner pour trouver son fauteuil... Elle fut très émouvante, aidée par Montand lors des « Césars ».

Montand, lui, m'a raconté un jour son passé de docker à Marseille, sa vie de petit émigré italien, « pas bon chanteur, pas bon acteur », comme on lui disait quand il se présentait quelque part, et qui a dû se battre pour réussir. Là aussi, l'authenticité est quelque chose que le spectateur moyen — ou le téléspectateur — reçoit cinq sur cinq.

Mais il n'y a pas que les « intellos » ou les grands violoncellistes qui ont mis du temps à sortir de leur tour d'ivoire. Même certains artistes de variétés, pourtant directement concernés par la télévision, ont longtemps pensé qu'ayant touché un public précis, ils devaient veiller à ne pas trahir leur image de marque. Et ils se sont enfermés, eux aussi, dans des ghettos. Je vais vous surprendre, mais quelques chanteurs étaient très réticents, à une époque, pour venir à « La Grande Parade », l'émission que j'animais sur RTL, ou même à « Champs-Elysées ». Des noms ?... Bernard Lavilliers, que j'ai connu il y a quinze ans lorsqu'il grattait la guitare au Sampierro Corso, restaurant corse du quinzième arrondissement, était persuadé, une fois devenu vedette, que compte tenu de son public, il ne pouvait passer que dans « Les Enfants du rock » ou dans des créneaux de ce genre. Jusqu'au jour où je l'ai convaincu de venir à « La Grande Parade » — en province, s'il vous plaît ! — et où il a fait un tabac. J'ai encore en tête des discussions très serrées avec Alain Souchon qui, souvent, m'a demandé : « Il y a qui, dans l'émission ? », sous-entendu : je veux bien y participer mais je m'estimerais déshonoré d'avoir à chanter en duo avec Mireille Mathieu... Ceux qui me disent : je ne viens pas, ce n'est pas ma famille — discours de moins en moins fréquent, il est vrai —, ceux-là entretiennent des chapelles, toutes les chapelles. Il n'y a pas si longtemps encore, Bernard Lenoir, alors responsable des « Enfants du rock », avait déclaré : « Goldman dans mon émission ? Jamais ! », sous prétexte qu'il ne le considérait pas comme un chanteur de rock. C'est complètement infantile. Ou bien, alors, on fait sa petite télé pour soi...

Un artiste se doit d'être populaire ou n'est pas. C'est une malhonnêteté intellectuelle totale que de ne pas vouloir reconnaître qu'on fait ce métier — le spectacle — pour séduire le plus de monde. Et séduire le plus de monde ne signifie pas qu'on vire au médiocre, au vulgaire. Vous savez, c'est la fameuse équation : à 50 000 spectateurs un film est « génial », à 100 000 il est « très intéressant », à 150 000 il est « très prometteur » et à 300 000 « purement commercial »... C'est ridicule. Un film qui n'est pas vu, une chanson qui n'est pas écoutée, un livre qui n'est pas lu, ce sont des enfants mort-nés.

Daniel Duval, comédien et metteur en scène que j'aime énormément, a réalisé un film sublime, *l'Ombre des châteaux,* qui n'a pas fait beaucoup d'entrées mais qui a eu une presse dithyrambique, un succès d'image très fort. Un peu plus tard, il a tourné *la Dérobade,* avec Miou Miou, et ses inconditionnels se sont exclamés : « Ça y est, il est récupéré par le système », phrase définitive qui tombe comme un couperet… C'est un raisonnement d'une immaturité terrifiante. Ne serait-ce que pour une raison : il faut bien vivre et pour pouvoir signer *l'Ombre des châteaux,* il faut aussi sortir des films grand public.

Un certain langage intellectuel revient à un mépris global de toute une donnée sociale. Je parle des idéalistes qui s'accrochent encore à « leur » vision du monde coupée du réel. Lorsque j'animais « RTL c'est vous », émission qui se déroulait un peu partout en France, j'avais envie de prendre ces « puristes » par la main, de les emmener avec moi dans un bar de routiers ou sur un marché pour leur montrer qu'il est plus facile de faire parler Marguerite Duras que l'homme de la rue. Chaque fois que je l'ai tenté, ils étaient mal dans leur peau, incapables de comprendre, de dire un mot. Ils prennent ceux qui n'ont ni leur culture ni leur langage codé pour des cons. J'ai beaucoup aimé quand Sheila a dit dans « Droit de réponse » : « Monsieur Polac, quand vous lisiez Sartre, moi je vendais des bonbons sur les marchés. »

J'ai travaillé à RTL de 1974 à 1982, c'est-à-dire dans la radio la plus populaire, la plus proche des « masses laborieuses » comme on dit, la radio qui a le public le plus fidèle — la preuve, elle a mieux résisté que les autres à la concurrence de la FM. J'ai travaillé pour cette radio qui va frapper chez les gens. Et quand, sur place, à Longwy, à Thionville, à Forbach, j'ai rencontré mes auditeurs — c'était pour « RTL c'est vous », un titre trouvé par Dany —, j'ai vu des gens qui se couchent à 21 h 30 parce qu'ils se lèvent à 5 h 30, qui ont souvent 30 km à faire pour aller à l'usine — le car dans le brouillard... —, des gens qui ne voient pas le jour pendant quatre mois, pendant tout l'hiver. Quand ils partent, il fait nuit. Quand ils rentrent, il fait nuit. La Lorraine, les mineurs, le bassin houiller, grande zone d'écoute de RTL, c'est la zone où on en bave. C'est la chanson d'Enrico Macias *les Gens du Nord*. J'ai vu des gens gagner difficilement leur croûte. La télé, c'est leur seule distraction, leur lumière avant d'éteindre, avant de s'écrouler dans leur lit. Et à ces pesonnes-là, certains veulent dire : « Allons, tout ce que vous aimez, ça ne vaut rien. On va vous élever, vous alphabétiser. » C'est fou...

Je suis exaspéré par ceux qui font le métier d'homme de télévision pour cent copains de chez Lipp. Je suis ulcéré par ceux qui prennent le petit écran pour un clin d'œil fait à ceux qui « savent ». Et les quinze millions d'autres ? Comment les intéresser ?

Comment les distraire ? Ce sont des réponses à ces questions-là que j'essaie de donner, au fil de mes émissions depuis toujours. Moi, ce sont ces millions-là qui m'intéressent. Des millions « d'autres ».

RTL est une station qui m'a permis de découvrir la France très profonde. Avec « RTL c'est vous », l'après-midi de 15 h 30 à 18 h 30, j'étais constamment dehors, en direct, soit dans les rues de Paris, soit en province, deux fois par semaine, ce qui représentait une moyenne de 70 villes par an. On les passait au peigne fin, ces villes, on s'attachait à découvrir des personnages curieux. On faisait des kilomètres et des kilomètres, dans ma voiture transformée en studio. Une Mercedes rallongée ! L'accueil était formidable. Les gens m'encourageaient : « Continez, vous progressez ! » Les auditeurs — ainsi que les téléspectateurs — n'ont cessé pendant quinze ans de m'écrire pour me soutenir : « Ça va, vous vous améliorez. » Cela a duré jusqu'au début des années quatre-vingt. Depuis quatre ou cinq ans seulement j'ai l'impression qu'ils me reconnaissent comme un professionnel, comme un adulte. Et cela, il faut l'intégrer aux diverses raisons qui m'ont poussé à rester sur Antenne 2 en cette année 1987 : le public aurait d'autant moins compris que je le quitte qu'il m'a totalement aidé. Ce public, je lui dois la même fidélité...

Puis j'ai animé « La Grande Parade », de 11 heures à 13 heures, qui avait lieu en province une seule fois par semaine, le mercredi. J'arrivais dans une ville à 2 ou 3 heures du matin et je repartais dès le lendemain après-midi, après l'émission.

J'ai gardé de ces « tours de France » des souvenirs concrets. Des cadeaux qui font partie de mon décor personnel, aujourd'hui. Un ancien mineur m'a offert sa lampe, celle qui avait été son instrument de travail toute sa vie. Il l'avait briquée, me l'avait réservée, j'étais gêné et touché à la fois. La refuser aurait été une insulte.

A la caserne de la Porte Champerret, un pompier m'a donné son casque. Un casque de pompier, c'est comme si un artisan en fin de carrière vous faisait don de son établi, de tous ses outils...

Ce sont des gestes qui sont comme le « retour » de quelque chose. D'ailleurs, le mot « retour » est un terme radiophonique. Le retour dans le casque... Eh bien, ces cadeaux sont comme l'écho en retour d'un contact vrai avec le public. La sanction positive d'une relation que j'ai toujours voulu sincère, sans artifice malgré le « show ».

Vous savez, quand on exerce un métier comme le mien, qu'on voyage beaucoup, qu'on sillonne la France comme je l'ai fait, on finit par connaître tout le monde. Je connais les gens du péage, sur les autoroutes, et lorsque je baisse la glace, ils me demandent si Zaza, qui dort à mes côtés, va bien. Ma chienne est plus connue que moi !

Ou à tel autre péage, ce sont des motards de la gendarmerie qui s'approchent de moi et me lancent : « Alors, Michel, beau match hier soir, hein ? » Et l'on parle football pendant dix minutes...

Les flics, il y en a beaucoup aux alentours du Pavillon Gabriel, où j'ai désormais mon bureau. Normal : l'Elysée est juste à côté. Les fourgons de police sont nombreux et, souvent, je m'arrête, je dis bonjour, je monte dans l'un d'eux, je bavarde avec des policiers qui n'ont rien à faire d'autre que d'attendre, qui ont enlevé le képi, qui crèvent de chaud là-dedans quand c'est l'été, et me parlent du dernier « Champs-Elysées ». La vie de flic, c'est l'attente...

C'est comme les gardes de l'Elysée, devant lesquels je passe tous les matins. Ils n'ont pas le droit de bouger, pas le droit de se gratter, de remuer la jambe, de tourner la tête. La relève a lieu régulièrement mais essayez, pendant quelques minutes, rien que ça, de rester debout immobile... Sans laisser paraître quoi que ce soit sur le visage, ni lassitude ni envie de sourire, essayez... Donc, je passe le matin devant ces gardes républicains et je leur fais un clin d'œil, sachant qu'ils resteront impassibles mais que dans leur regard il y aura un éclair de détente...

J'adore toutes sortes de gens. Comment dire ? Les gens, ils me font marrer, d'abord... Le spectacle de la rue est réjouissant, si l'on sait voir, si l'on sait être à l'écoute. Le langage de la rue, notamment, est une mine... De Michel Audiard à Coluche, tous les grands dialoguistes et auteurs de sketches ont été attentifs aux bons mots de la « base ». Les monologues de Coluche sont des pans entiers de langage de la rue. Les gens ont un langage vachement coloré, contrairement à ce que l'on pense. L'invention en matière de vocabulaire, chez l'homme de la rue, est extraordinaire.

Evidemment, il y en a qui sont trop bavards et qui, parfois, vous font perdre votre temps. Je suis constamment obligé de faire des haltes quand je suis en province, et ça rend dingue mon entourage parce que souvent ça dure : dans un restaurant, je suis bien forcé d'aller signer le livre du patron, d'aller saluer le cuisinier, sans oublier la petite communiante — ou la mariée — qu'il faut aller embrasser au premier étage, où un gueuleton bat son plein... Quand on prend de l'essence, je dois sortir de la voiture pour aller faire la bise à la grand-mère du pompiste qui, justement, est là... Mais il ne faut jamais refuser, jamais être désagréable, c'est la moindre des choses vis-à-vis d'un public sans lequel on n'est rien.

Evidemment, c'est plus pénible, comme situation, pour un chanteur, par exemple, qui déjeune tranquillement, qu'un client reconnaît et à qui l'on demande de pousser la chansonnette parce qu'il y a un banquet dans la salle à côté... On insiste pour qu'il interprète quelque chose alors qu'il est sans micro, sans musiciens, dans des conditions inhabituelles. S'il se lance a cappella, il ne peut que décevoir... Donc, il est contraint de refuser et se rend antipathique aux yeux de ces gens qui ne comprennent pas. C'est dur. C'est l'histoire du comique dont on attend toujours qu'il fasse rire, même les feux de la rampe éteints : cela le rend odieux. Les gens ont du mal à concevoir que l'humour est un métier et que, dans la vie, un comique est comme tout le monde, avec des hauts et des bas. Bedos, en famille, c'est un père tranquille, un grand-père gâteau, un chef de tribu, il est très calme, tendre, tout le contraire de la grenade dégoupillée qu'il est sur scène. Il ne passe pas son temps à faire le pitre, il n'est pas tout le temps en représentation. Il n'y a rien qui énerve plus un humoriste que d'entendre dire : « J'ai vu Machin au café, il n'est pas drôle du tout ! » Même Bouygues était déçu, après avoir dîné avec Collaro ! Qu'est-ce qu'il croyait ? Que Stéphane se balladait partout avec ses Coco-girls ?

Pour moi, c'est différent. Je n'ai pas besoin d'accessoires, ni de faire le clown. On veut me serrer la main, tout simplement. Et je le fais volontiers. Entre nous, je crois que j'aime beaucoup ça. Je ne l'ai pas cherché mais ça me plaît...

Non, c'est vrai, la célébrité, je ne l'ai pas cherchée. Elle n'était pas « programmée ». Ce que je voulais, c'était réussir enfin quelque part. Le hasard a voulu que ce soit dans un univers où, lorsque ça marche bien, c'est plus spectaculaire qu'ailleurs. Cette célébrité, je n'y étais pas préparé, ce n'était pas du tout une préoccupation, au contraire, ma timidité naturelle me prédisposait plutôt à un anonymat sans histoire. Moi, j'avais envie de m'adresser aux autres, de leur parler, mais pas de cette manière-là. Pas à travers une caméra. A travers un stéthoscope, oui... Le même que celui de mon père, évidemment...

Le premier frémissement de la célébrité, c'est lorsque les magazines à grand tirage commencent sérieusement à s'intéresser à vous. C'est lorsque les reportages en pages intérieur se multiplient. C'est « bon signe ». C'est la porte du succès qui s'ouvre lentement mais sûrement. Alors, un jour, le premier choc a lieu : vous êtes en couverture. C'est très impressionnant, grisant aussi, terrorisant surtout. La première fois que j'ai eu la couverture de *Télé 7 jours,* c'était un an après mes débuts — c'est allé si vite, quand j'y pense —, je suis entré dans une Maison de la presse et j'ai aperçu ces piles, j'ai pris le journal, puis je l'ai posé, je l'ai repris, j'ai fait ça pendant plusieurs minutes, je regardais cette couverture, je voyais ces gens qui achetaient et qui partaient avec ma tête sous le bras, oui, ça fait à la fois très plaisir et un peu peur...

Non, la peur, c'est la première fois qu'on se voit sur une affiche, on a l'impression que c'est quelqu'un d'autre... Les premières campagnes de RTL en mon honneur inondaient la France et j'étais un peu perturbé. Je me souviens très bien d'un voyage en train au cours duquel j'ai été très gêné par la présence, dans chaque gare, de mon portrait sur le quai. Le train s'arrêtait et les gens, dans le compartiment, me regardaient, me dévisageaient, fixaient cette image dehors puis revenaient sur moi et il y avait dans leurs yeux bien des interrogations. Ils étaient troublés. Ils me voyaient sur une affiche et assis en face d'eux. C'était une situation tellement peu banale...

Et puis non, le véritable premier choc, c'est lorsque vous animez une émission qui n'est pas en direct et que, le soir de la diffusion, vous traversez une ville de province... Un jour, j'avais enregistré « Tilt » parce que je devais quitter Paris pour les jeux Olympiques de Grenoble. Je m'étais promis d'arriver à temps à l'hôtel, pour voir l'émission. Malheureusement, l'avion ayant pris un peu de retard, c'était fichu, et je n'ai pu résister : entre l'aéroport et Grenoble, j'ai stoppé à un bistrot... Quand je suis entré, la télé marchait, tout le monde regardait « Tilt ». Je commande discrètement un café et m'asseois. Au bout d'un moment, les clients commencent à tourner la tête, à me regarder et à se dire : « Mais c'est le même... » Il y avait de la folie dans leurs regards. Ils ne parvenaient pas à imaginer — les différences entre le direct et le différé n'étaient pas aussi familières aux téléspectateurs qu'aujourd'hui —, ils devaient penser : « C'est incroyable comme il ressemble au gars de la télé... » Je suis resté jusqu'au bout, j'ai réglé mon café, et je suis sorti. Sonné.

La rançon du succès a de multiples visages. Mais jamais le public ne m'a fait « payer » le fait d'avoir grimpé — avec cette apparence de facilité — les échelons du « vedettariat ». Sauf une fois..

« La Grande Parade » s'est arrêtée à Vire. Pour faire plaisir à mon père. Mais une partie de la population, ou plus exactement une majorité de notables, m'a reçu froidement. Disons qu'on a été bien accueilli par le public des alentours et pas si bien par la ville. C'est la fameuse histoire qui a pour titre : « Nul n'est prophète en son pays... »

Version Drucker !

J'avais invité Gérard Lenorman, Gaston Lenôtre, beaucoup de personnalités normandes, un monde fou pour n'oublier personne. J'avais fait une promotion inouie de la ville pendant dix jours sur l'antenne, un véritable compte à rebours publicitaire. Mais une fois le spectacle terminé, la grande restauratrice du coin m'a fait payer le prix fort, le maximum. C'est un exemple parmi d'autres, cette addition salée, parmi d'autres détails assez mesquins. Mais il en dit long à lui tout seul, il se suffit à lui-même... Mon père était fou furieux. Et moi, très franchement, j'ai vécu ça très mal.

Pourtant, j'avais été prévenu. Mille fois plutôt qu'une ! Tous les chanteurs me l'avaient dit : le gala qu'ils redoutent le plus, c'est celui qui passe par la ville de leur enfance. J'aurais donc dû m'y attendre... J'ai eu la faiblesse de penser qu'il en serait autrement pour moi.

Les gens qui vous ont connu petit sont beaucoup moins sensibles qu'on ne le croit à la réussite d'un des leurs. Bizarrement, ils ne sont pas très fiers... Comment dire ? Est-ce la jalousie ? Les jeunes, qui ne sont plus jeunes, qui sont mariés et qui ont des gosses, se souviennent davantage de vos insuccès... « Il foutait rien, comment ça se fait qu'il soit devenu une vedette et pas nous ? » Impitoyables. Et votre succès, surtout s'ils ne connaissent pas précisément le métier que vous faites, ils le trouvent usurpé. Pour eux, ce métier d'homme de radio n'en était pas un. Donc... Vous savez, cette méconnaissance des boulots « d'artistes » revient à une sous-estimation de notre travail. Dans le show-biz, quelle est la personne qui n'a pas eu droit, au moins une fois, à cette réflexion : à part ça, vous faites quoi dans la vie ? Producteurs, chanteurs, comédiens, tous l'ont entendue. Eddy Mitchell en a même fait une chanson, sur le thème : « Et quand vous ne chantez pas, vous bossez où ? » C'est la mère de Paul Lederman qui dit un jour à son fils, successivement producteur de Claude François, Michel Polnareff, Thierry Le Luron et Coluche : quand est-ce que tu vas apprendre un métier ? Dur dur, vraiment...

A Vire, il y avait donc ceux qui vivaient mal ma réussite parce qu'elle leur paraissait trop facile, et il y avait les autres qui, eux, en faisaient trop dans le sens contraire : « Moi je l'ai toujours dit, j'en étais sûr qu'il irait loin. » Les enseignants, notamment, mes anciens profs qui mettaient au bas de mon carnet scolaire : « A orienter vers une profession manuelle, inapte à tout effort intellectuel », les mêmes, subitement frappés d'amnésie, s'exclamaient : « Moi, j'ai toujours pensé qu'il était doué pour ça. »

Alors, on découvre que la revanche, celle avec laquelle on croyait un peu naïvement en finir ce jour-là, revanche vis-à-vis de cet environnement natal qui vous a vu mal grandir et qui a porté sur vous un jugement définitif alors que vous étiez sans défense, cette revanche est impossible. Ou éternelle, c'est-à-dire jamais assouvie pleinement, jamais pleinement satisfaite, partielle, avec des restes au fond de soi.

Je note, à cette occasion, que dans une famille française moyenne, la réussite spectaculaire n'est pas très bien reçue, pas très bien vécue. C'est une réussite dont les conséquences sont trop visibles, créant des différences trop nettes. Celui qui en est le héros se trouve dans une situation « trop » favorable par rapport aux autres. Les autres, ils ont évolué de façon plus anonyme, dans des métiers classiques, ils ont suivi leur petit bonhomme de chemin et ils se sentent agressés par cette aventure extraordinaire qui s'affiche. Agressés par ce qu'elle représente. Pourquoi ? Parce que celui qui en est l'heureux bénéficiaire a beaucoup mieux réussi financièrement qu'eux. Il a bien plus de « facilités » dans la vie et ça, quelque part, ça ne passe pas. Inconsciemment, les divers membres de l'entourage familial lui en veulent. Là aussi, tous les copains-chanteurs que j'ai questionnés sont formels : ils ont eu beaucoup de mal à garder un bon contact avec leur famille. Ils ont le sentiment que leurs proches ont une dent contre eux, ou ne sont pas d'accord avec ce type de prospérité et en souffrent. Je connais des familles qui ne veulent surtout pas qu'on fasse le rapprochement avec tel chanteur ou tel acteur qui porte leur nom. Je sais, par exemple, que la mère de Bedos a mal vécu la réussite de Guy. Les sketches qu'il en a faits ne sont pas très éloignés de la réalité...

A Vire, lors de ce passage de « La Grande Parade », j'ai malheureusement vérifié que le succès engendre davantage l'envie, la médisance que l'admiration ou le respect. J'ai eu la confirmation de cette « loi » d'autant plus brutalement que c'était chez moi. *Allô papa bobo...*

Ceux qui ont été les plus chaleureux, ce sont les gens débarquant des lieux voisins et faisant la queue pour assister à l'émission. Toute la région est venue. Certains avaient fait entre 50 et 100 kilomètres pour rejoindre le cinéma « Le Basselin », qui est le cinéma de mon enfance, où se déroulait le spectacle. Ceux qui ont été les plus distants, ce sont les bourgeois locaux, la petite bourgeoisie, les confrères de mon père. Il ne faut pas oublier que le docteur Drucker, naturalisé français, d'origine juive roumaine, était le plus réputé des médecins des environs... On allait tout de même pas encourager le fiston à « sacraliser » une telle implantation... Donc, finalement, ceux qui m'ont laissé le meilleur souvenir de cette étape là-bas — être le régional de l'étape, merci ! —, ce sont mes clients à moi, si j'ose dire, mes auditeurs-téléspectateurs, les petites gens. Des petites gens chez qui l'on trouve des sentiments bien plus nobles que dans la bourgeoisie. Les classes sociales plus élevées n'ont jamais été de chauds partisans de mes prestations... Le public qui s'est occupé de moi, qui a fait ma carrière, je le répète, ce n'est pas celui du « Grand Echiquier », c'est celui de Guy Lux. J'ai vraiment touché ça du doigt lors de ma « Grande Parade » à Vire. Et je le constaterai à nouveau, ici ou là. Je me suis plus souvent heurté à des esprits étroits, suffisants, intolérants, à des esprits saisis par le complexe de supériorité, chez les bourgeois que chez les petits !

Ma belle-famille vient d'un milieu populaire. Dany est d'un milieu qui est tout le contraire du mien, et moi, j'ai voulu faire ce qu'elle a fait, elle, devenir saltimbanque. Parce que je me sens plus proche de l'état d'esprit qu'elle représente que de cet esprit étroit dont je viens de parler. J'ai une grande admiration pour Dany. Bien sûr, tous les deux, nous vivons comme des privilégiés parce que j'ai un métier privilégié. Mais je ne perds jamais de vue que cette réussite, j'en suis redevable à la classe populaire. Longtemps, 70 % de mon public a été un « public de gauche », selon les sondages. Appartenant à la classe ouvrière et à la classe rurale. Normal, puisque j'ai commencé par le sport. On a toujours recensé davantage de fans de Platini dans ces couches-là que dans la classe bourgeoise. Les bourgeois, ils fréquentent les salles de concert, pas les stades. Et à Vire, face à ma « parade », ils avaient cet air pincé...

Mon père en a été d'autant plus contrarié qu'il était en train de mieux percevoir ce que représentait exactement mon travail, donc mon succès.

Cela lui avait pris un certain temps, il est vrai...

Ce que mes parents ont eu du mal à comprendre, au départ, c'est que l'on puisse confier une responsabilité aussi extravagante — apparaître à la télévision — à quelqu'un qui n'a pas de formation. Il faut savoir que lorsque j'ai entamé mon stage, à Cognacq-Jay, mon père a rendu visite à Marcillac pour s'excuser auprès de lui : « J'espère que mon fils ne vous dérange pas trop... Vous savez, il n'a aucun diplôme », et comme cela ne semblait pas être considéré comme un inconvénient majeur, comme une tare, mon père est reparti abasourdi... Mais vous voyez jusqu'où pouvait aller cette incompréhension. Et j'avais beau essayer d'expliquer en quoi consistait mon métier, rien n'y faisait. J'étais celui qui avait choisi une drôle de voie. C'était aussi hallucinant, pour eux, que ça a dû l'être, par la suite, pour le père de Nicolas Peyrac, docteur, par exemple, voyant son fils abandonner sa cinquième année de médecine pour devenir chanteur ! Rémy Grumbach, le réalisateur des « Rendez-vous du Dimanche », a fréquenté lui aussi l'externat avant de se tourner vers la télévision... Dans toutes les familles, c'est pareil : l'avenir des enfants doit reposer sur des bases solides... Et la télévision, dans ces années-là, était plus appréhendée comme un « phénomène nouveau » que comme une véritable branche professionnelle. Ma mère me disait : « Ton frère Jacques est mort de fatigue, il a encore fait deux gardes cette semaine », et moi je venais de boucler deux reportages et d'assurer deux plateaux en quarante-huit heures sans pouvoir tenter de lui décrire ce que ça m'avait coûté, physiquement ! C'était inutile... Comment vouliez-vous que je lui fasse partager mes journées alors qu'elle voyait mon frère passer des nuits entières sur ses bouquins d'anatomie ? C'était plus concret, pour elle...

Aujourd'hui, elle fait semblant de ne pas bien comprendre ma vie « audiovisuelle ». Par pudeur... C'est différent. Mais à l'époque, mes parents étaient très éloignés de tout cela, ils ne saisissaient pas du tout que j'étais en train de devenir un personnage public.

Mon père, après beaucoup d'inquiétude, a commencé à prendre conscience de l'évolution de ma carrière en rendant visite à ses malades. Lorsqu'il entrait dans les fermes ou dans les HLM, il apercevait de plus en plus souvent la photo de son fils sur le poste de télévision, ou punaisée dans la chambre du petit qui a une bronchite, ou sur la couverture d'un *Télé 7 Jours* traînant par là... Et ces malades lui demandaient de mes nouvelles, l'interrogeaient sur moi, lui parlaient de mes dernières émissions... Alors, lui qui était un médecin « à visage humain », sensible au « psychosomatique » dans ces habitations dispersées, lui qui était un homme de communication, discutant avec ses patients, il a senti petit à petit une sorte de fierté monter en lui. « Finalement, m'a-t-il lancé un jour, tu es devenu médecin quand même. Médecin des âmes. » Mon père, sur le terrain, avait compris ça.

C'était plus facile, pour lui, sillonnant la province, que pour ma mère, qui séjournait souvent à Paris, sorte d'« envoyée spéciale » de mon père dans la capitale afin qu'elle soit près de nous et qu'elle aide mon frère Jacques à conquérir le haut niveau qui allait être le sien dans la Recherche. Elle ne s'apercevait donc pas des étapes que, moi, je franchissais pendant ce temps. Surtout qu'à Paris, la notoriété, la popularité, sont des choses moins évidentes qu'un peu partout en France. A Paris, n'importe quel touriste qui se promène, qui entre au Fouquet's ou chez Lipp, croise plein de gens « connus ». C'est naturel, ça fait partie du décor, c'est intégré à la ville, on y fait plus ou moins attention. Alors qu'en province, la célébrité paraît plus inaccessible, donc plus magique. La célébrité, en province, se mesure mieux. A Vire, et autour de Vire, mon père a mesuré la mienne presque malgré lui. Il a découvert que ses clients étaient les miens...

Ma mère, donc, ne suit pas de près mes aventures. Elle connaît moins bien ma carrière que certains des téléspectateurs. Elle n'est pas au courant de tous les épisodes, si je puis dire, et quand je les lui résume, je ne suis pas certain qu'elle les capte vraiment... Quand je faisais mes « happenings » dans la rue pour RTL, elle me disait : « Radioscopie de Chancel, voilà une bonne émission ! » Je répondais : « Je te signale que je suis à la radio à la même heure... » Elle a toujours préféré *Le Nouvel Observateur* à *Télé 7 Jours*...

Quand je l'emmenais à l'Olympia, pour une « première », et que les photographes me mitraillaient, elle me regardait, plus étonnée que ravie, et je lisais sur son visage quelque chose comme un froncement de sourcil qui voulait dire : « Qu'est-ce que tu as encore fait ? » sorte d'écho complice à mes quatre cents coups passés, qui lui avaient donné bien du souci...

Aujourd'hui, quand je lui parle de quelqu'un, elle continue de me demander, en souriant, ce qu'il a comme bagage. « Un sac de sports... et rien dedans », je lui dis, avec le même clin d'œil. C'est devenu un jeu entre nous. Aujourd'hui, ma mère a quatre-vingts ans. Elle est d'une vivacité d'esprit qui nous ravit, qui nous enchante, qui nous comble, mes frères et moi. Un vrai bonheur. Elle discute tout le temps, de tout. Elle lit toujours *Le Monde,* et *L'Événement du Jeudi.* Le jour où elle m'a vu en couverture du *Nouvel Observateur,* elle a enfin « craqué » ! Elle n'a plus pu retenir ce sourire de satisfaction que je crois deviner chez elle, parfois, quand nous circulons ensemble en voiture et que nous passons à proximité d'une affiche de moi... Oui, une certaine satisfaction comme si, elle aussi, avait eu une revanche à prendre. Par rapport, j'imagine, à son propre passé d'émigrée débarquant en France.

Soit dit en passant, mes parents ne nous ont pas élevés dans la tradition juive, je ne suis donc pas pratiquant et je me sens totalement français, mais le parcours de ma famille, ce qu'elle a subi, les drames du déracinement, sont des choses que je ne saurais gommer de mon identité « générale ».

Ainsi, j'ai pensé à ma mère lorsque j'ai pris la décision de rester à Antenne 2, autrement dit de résister à la tentation Berlusconi-Bouygues... J'en ai même fait l'aveu à *Libération,* au cours d'une interview réalisée par Serge July, dans laquelle j'annonçais officiellement mon choix. Je disais : « Ça va vous paraître peut-être curieux, mais je n'ai pas été éduqué de cette manière : ma mère, qui est une dame d'âge respectable, et mon père qui n'est plus là mais à qui j'ai beaucoup pensé pendant les négociations, n'auraient pas compris que j'accepte d'être acheté pour ce prix-là. Les patrons de la 5 et de la Une ont dû me trouver complètement fêlé. » Etc.

Ça n'a pas manqué... Ces propos ont été repris par certains confrères qui ont ironisé sur mes relations avec ma mère, style « le-petit-garçon-à-sa-maman ». A quarante-cinq ans, vous pensez ! Ils ont convoqué Freud, Œdipe, et toute la compagnie... Malheureusement, ils étaient à côté de la plaque parce que l'ami Sigmund n'aurait pas désapprouvé ce trait de caractère, ce sens de la transmission d'une certaine morale de génération en génération. Comme on parle de transmission du savoir.

Quand je dis que ma mère n'aurait pas compris, c'est une image.

Elle n'aurait pas compris que je fasse un choix matériel avant de faire un choix professionnel.

Ma mère trouve totalement injuste et scandaleux qu'un homme de télévision, un chanteur, un artiste, empochent tant d'argent alors qu'un interne des hôpitaux doit attendre vingt ans avant de « gagner sa croûte ». Cela l'a marquée. Et j'ai beau lui expliquer qu'il ne faut pas prendre pour autant cet homme de télévision, ce chanteur ou cet artiste pour un bandit, j'ai beau lui dire que c'est le système qui veut ça, c'est peine perdue... Je me tue à lui répéter que, dans une société capitaliste, il est normal que ceux qui rapportent, qui « ramènent », beaucoup d'argent aient une part du gâteau. Je lui fais observer qu'un bon animateur de télévision attire vers lui la publicité, qu'il fait vendre des disques, qu'il peut remplir des salles, qu'il fait vendre du papier, et que, donc, il est légitime qu'il soit payé en retour. Mais elle considère que c'est disproportionné et je ne peux pas lui donner tort.

C'est vrai que les milliards de Berlusconi et de Bouygues peuvent irriter, comparés aux clopinettes que touchent un enseignant — vous voyez que je ne suis pas ingrat, je pense à ces chers professeurs ! — ou un chercheur de l'Institut Pasteur... Ma mère ne doit pas être la seule à se faire la remarque. En cela, elle représente tout à fait la réaction moyenne du public en France.

Je suis sûr que si j'avais rejoint la 5, elle aurait été folle furieuse !

Non, je ne l'ai pas consultée, je ne lui ai pas demandé son avis, avant d'opter pour mon maintien sur Antenne 2. Ça ne va pas jusque-là. C'est toute la différence, si vous voulez, entre la bonne influence d'une éducation et la mauvaise dépendance d'un cercle familial. Ma mère n'est pas envahissante, elle n'est pas étouffante comme certaines mères trop bruyantes, non, ma mère est intransigeante sur certaines questions, c'est tout. Et cette rigueur est un point de repère. C'est peut-être grâce à ma mère, grâce à son attitude un peu distante vis-à-vis de ma popularité, que je n'ai pas attrapé la « grosse tête ». Et c'est aussi bien…

En revanche, il ne lui est jamais venu à l'esprit de critiquer mon style de vie, qui est un peu particulier compte tenu de mon job. Là aussi, c'est toute la différence avec des parents interventionnistes. Quand je dis : « J'ai pensé à ma mère », ça n'a rien à voir avec une « ingérence » de sa part dans les affaires intérieures de ma vie personnelle, c'est évident.

Mon style de vie a des retombées sur ma famille et, plus largement, sur mon entourage privé. Le rythme quotidien d'un homme de télévision n'est pas du tout le même que celui d'une famille normale, qui prend ses vacances en juillet ou en août, par exemple, alors que moi, je ne peux jamais faire un « break » très longtemps, je dois garder le contact en permanence, tel un médecin de garde qui laisse sur son répondeur les coordonnées du restaurant où il déjeune le dimanche.

Les amis sont également très liés au milieu professionnel, ce qui n'est pas forcément le cas dans d'autres activités. Les miens, pour la plupart, appartiennent à cet univers « médiatique », et une soirée entre amis ressemble souvent à des « heures supplémentaires », c'est-à-dire qu'on ne parle que de « ça » : la télévision, le journalisme, les derniers bruits, les dernières techniques, l'avenir, etc. Le reste de la famille doit s'y adapter, en quelque sorte. C'est pour cela que ma grande chance, la plus importante de toutes, a été de rencontrer Dany, qui n'est pas étrangère à ce milieu, bien au contraire, qui en connaît les règles autant que les pièges. Depuis quinze ans, notre complicité est telle que notre vie privée résiste aux assauts de notre vie publique.

La première fois que je l'ai aperçue, Dany, c'était au « Palmarès des chansons », en 1971. Nous étions tous les deux dans la salle mais on ne s'était pas parlé... La première rencontre, elle a eu lieu l'année suivante grâce à Claude François, avec qui je produisais — c'était mon baptême de coproducteur — une émission intitulée « Avec le cœur », une émission de gags, style « Collaro Show » avant l'heure. Nous la présentions tous les deux, Claude et moi. Il y avait beaucoup de chanteurs, Charles Aznavour, Eric Charden, etc. Les enchaînements entre les chansons étaient des sketches écrits par lui, par Claude François, qui était un fan de Dany et qui l'avait invitée pour interpréter certaines de ces séquences. On a fait connaissance sur ce plateau, voilà. L'amour servi sur un plateau... Et j'allais dire : on ne s'est plus quittés, comme dans les romans qu'on n'ose plus écrire... C'est presque la vérité : on s'est si vite accordés... En fait, elle vivait seule avec sa fille Stéphanie, qui avait six ans, elle n'avait pas l'intention de se remarier. J'ai dû insister quelques mois... Notre mariage a été célébré à Las Végas en 1973, avec l'accord, la bénédiction, de Stéphanie, à qui sa mère avait tenu à demander si elle n'y voyait pas d'inconvénient... Heureusement pour moi, son futur beau-père lui plaisait comme un super-copain !

Stéphanie est vite devenue une présence indispensable, dans ma vie. Comme si elle était ma propre fille.

Je considère que pour les enfants, les parents sont ceux qui prennent en charge leur éducation. Stéphanie me considère comme son père, et réciproquement... Non, Dany et moi n'avons pas éprouvé le besoin d'avoir un autre enfant. A la limite, je me demande si j'aurais été un papa très attentif, qui s'occupe des devoirs, qui réserve une heure ou deux de son temps chaque jour à ses bambins, qui prend des vacances avec eux. Et puis, je ne vois pas comment j'aurais pu supporter un bébé qui braille la nuit alors que je dois être debout à l'aube... J'ai eu la chance, si je puis dire, qu'on me livre toute faite une petite fille que sa mère avait commencé à élever et qu'elle a continuer à élever, avec moi à ses côtés. J'y ai participé « à distance » et j'ai l'impression d'avoir été père quand même.

Dany avait déjà arrêté d'être comédienne, elle avait mis fin à ce parcours — des *Tricheurs* aux *Saintes Chéries* en passant par les inoubliables « Parisiennes » où elle chantait avec les Chaussettes Noires et Eddy Mitchell... —, elle y avait mis fin, donc, au cours de sa première vie sentimentale, quand elle était l'épouse du célèbre compositeur Maurice Jarre, avec qui elle a vécu aux Etats-Unis. Elle n'était plus comédienne, quand je l'ai connue, et j'ai d'abord regretté sa décision, la poussant presque à reprendre... Mais il ne faut pas être hypocrite : arriver à deux au sommet de l'affiche et réussir sa vie de couple, ça n'existe pas. Je ne suis pas toujours quelqu'un de facile à vivre, mon anxiété peut me rendre tyrannique. Je suis « possédé » par le métier et si j'avais dû épouser une femme ayant également des ambitions de carrière, on ne serait sans doute plus ensemble parce que je crois que, effectivement, il n'y a pas de place pour deux. Dany avait fait ce diagnostic avant moi. Elle jure que le cinéma l'amusait mais ne lui manque pas...

Elle a consacré toute son énergie à ma réussite. Elle s'est mise à gérer mon quotidien. C'est une personne très organisée, qui sait exactement ce qui est essentiel, et que ce sens de l'essentiel rend prévoyante. Dans sa façon d'avoir peur de l'avenir et donc de le devancer, elle a apporté de l'eau à mon moulin. Dany a travaillé très tôt, dans sa jeunesse et, comme tous les gens qui en ont bavé, elle a ce souci de ce qui doit être prioritaire, de ce qui doit être solide. Ainsi n'avons-nous jamais « gaspillé », jamais jeté l'argent par la fenêtre. Pourtant, j'en ai gagné beaucoup... Mais j'ai fait ce que l'on doit faire dès que l'on commence à toucher un salaire correct : avoir une maison à soi. Plutôt que de louer quelque chose qui, au bout de quinze ans, ne vous appartient pas, j'ai très vite économisé pour acheter un appartement. Puis, Dany et moi, nous avons réuni nos deux prudences pour avoir cette propriété en Normandie, et l'agrandir. Non, je n'ai jamais « claqué » n'importe comment, jamais cédé à un caprice inutile — à moins qu'un tennis et une piscine à domicile soient considérés par certains comme un caprice stupide, ce qui m'étonnerait.

J'ai eu tout de suite conscience, en arrivant dans le métier, que le jour où un échec survient, où « la roue tourne », comme disait une émission célèbre, la seule consolation possible, c'est d'avoir un acquis. Un acquis qui permette de survivre, après.

J'emprunterai d'ailleurs au vocabulaire du bâtiment le terme de « soubassement » pour définir ce que Dany a construit autour de moi afin de me sécuriser et donc de me faire aller plus haut, plus loin. Du béton. Non, ce n'est pas de la concurrence faite à Bouygues ! Ces soubassements, c'est ce qui permet de tenir, de durer. Et pour durer, l'équilibre familial est indispensable. Sans cet équilibre, j'aurais peut-être déjà explosé en plein vol...

Dany a une certaine influence sur moi. Comme la plupart des femmes sur leur mari, je crois. Je lui donne même raison quand elle me reproche ma façon de m'habiler. Car Dieu sait si je suis quelqu'un qui a du mal à changer de look ! Je suis d'un classicisme... classique ! S'il ne tenait qu'à moi, je ne porterais que pantalon de flanelle et blazer, tout le temps. Je n'aime pas le changement. Je suis très conservateur. D'où ce comportement « BCBG » qui me fait passer pour plus sage que je ne suis. Vous me dites, par exemple, que vous êtes surpris par cet humour qui est le mien quand je suis détendu, comme ça, chez moi, le temps d'un week-end prolongé dans cette maison que j'aime tant... Eh bien, cette surprise vient de l'image extérieure qu'on a de moi et que j'entretiens malgré moi...

Le goût des animaux est également quelque chose de très important, chez Dany comme chez moi. Chez Stéphanie aussi. C'est à chacun son éminence grise : Dany c'est Lily, Stéphanie c'est Mina, et moi c'est Zaza. Trois lévriers élevés sur canapé... Ce sont des chiens qu'on peut regarder pendant des heures. Ils ont des positions extraordinaires, des lignes très pures. Parfois, on dirait des antilopes, ou des fénecs, c'est vrai. Les animaux, c'est précieux, ça calme...

Dany s'est même lancée dans l'écriture de scénarii de bande dessinée dont l'héroïne est Zaza. Le premier album, paru l'an dernier, s'intitulait *l'Empire sous la mer* et Dany partage ses droits avec la SPA. Le suivant, en voie d'achèvement, se déroule en Australie. Zaza chez les aborigènes... Je trouve ça sympa. Si Dany fait beaucoup pour les bêtes, Zaza, elle, a beaucoup fait pour sa race ! C'est fou ce que cette chienne est connue en France ! Les enfants demandent à leurs parents une « zaza ». C'est devenu une marque ! Avec produits dérivés : Zaza sur les tee-shirts, Zaza en miniature... Toujours pour la SPA, dont Dany fait partie. Elle est presque devenue militante ! Quand il y a une manifestation contre la vivisection, vous pouvez être sûr qu'elle y participe. Et ce jour-là, elle défile avec Cavanna !

Je veux citer également les deux matous de la maison : Grigri et Le Chat. Ma ménagerie ne serait pas complète sans eux. Et les chats sont si jaloux qu'ils me feraient une scène si je les oubliais dans ce livre !

Cette passion pour les animaux, c'est quelque chose que nous avions en commun dès le départ, Dany et moi. De toute façon, elle n'aurait pas eu de mal à me communiquer cet amour-là aussi.

En ce qui concerne mon travail, elle a dans l'ensemble un très bon jugement. Elle n'était pas très emballée par le fait que j'entre à Europe 1 en 83, étant convaincue que j'y laisserais une partie de ma santé.

Elle n'était pas très favorable non plus à ce que je dise oui à la 5. A la limite, elle était moins réticente vis-à-vis de la Une... En réalité, elle pensait comme moi que la fidélité à mon employeur était la meilleure solution. Elle voyait bien que toute cette effervescence m'empêchait de dormir...

L'époque de « Studio 1 » fut effectivement la plus éprouvante de toutes, au niveau de la vie quotidienne. Plus que Cognacq-Jay, où j'ai pourtant hiberné pendant dix ans au point de n'avoir aucun souvenir des saisons, et plus que la période RTL, où je mêlais déjà radio et télé et où j'ai le plus travaillé. Pendant quatorze ans, en fait, j'ai mené de front une émission radiophonique et une émission de télévision hebdomadaire. Quatorze ans de course contre la montre...

Dany a très vite planifié ma vie afin que je n'aie pas à me soucier du « matériel ». Dès que j'ai ajouté RTL aux « Rendez-vous du Dimanche », elle a fait en sorte que le peu de temps que je passais à la maison, ces deux ou trois heures avant de me coucher, je puisse en profiter pour me détendre, même si je continuais à gamberger. Elle a éliminé au maximum les dîners en ville : trois ou quatre par an... Parfois, une « première » au théâtre.

« Les Rendez-vous du Dimanche » supposaient beaucoup de projections privées, pendant la semaine, en journée, donc en plus du reste. Et je tenais évidemment à voir tous les films avant de recevoir acteurs et metteurs en scène. Alors, mon emploi du temps a commencé à être très minuté. Et j'ai compris que l'efficacité passait par le travail en équipe. J'ai appris à m'entourer d'assistants et à déléguer. A pouvoir compter sur l'équipe des « Rendez-vous » quand je n'étais pas aux Buttes-Chaumont, et inversement, à pouvoir compter sur l'équipe de « RTL c'est vous » quand je n'étais pas rue Bayard. Enfin, à pouvoir compter sur les deux quand j'étais entre les deux, en visionnage à l'extérieur ou coincé dans la circulation, ruminant mon impatience...

Bien sûr, il faut avoir des équipes ultra-performantes et, là-dessus, je n'ai jamais eu à me plaindre... La preuve : aujourd'hui, je travaille avec les mêmes qu'autrefois. Mon équipe de « Champs-Elysées » est la réunion de six ou sept personnes qui étaient déjà à mes côtés quand je débutais ! Qui réalise « Tilt » à Douai, quand je débarque avec mon costume vert pomme ? Jean-Pierre Spiero, réalisateur de « Champs-Elysées » ! Qui est l'assistant-réalisateur de « Tilt » au Moulin de la Galette ? Jacques Brialy, qui sera également réalisateur de « Champs-Elysées ». Qui est la monteuse de certains sujets-satellite du service des sports de Cognacq ? Françoise Coquet, irremplaçable, indispensable coproductrice de « Champs-Elysées ». Françoise est toujours là, vingt-quatre ans plus tard, avec la même séduction, la même efficacité. Quant à Françoise Boulain, autre pilier de mon équipe actuelle et ex-secrétaire de Loys Van Lee dont je vous ai déjà parlé, elle était à l'époque la fiancée de Thierry Roland. Aujourd'hui, je suis le parrain de leur fils Gary, qui a deux ans.

Ainsi, depuis quinze ans, je suis le chirurgien à qui l'on passe les instruments, tout est prêt. Et quand je rentre, le soir, je suis pris en charge par la famille. L'organisation de ma vie a toujours été réglée de la sorte. C'est la seule façon de ne pas perdre pied. Du temps de « RTL c'est vous », je rentrais même déjeuner à la maison, avenue Bosquet, mon précédent domicile, pour souffler avant l'émission.

Puis il y a eu « Studio 1 », pendant trois ans. Lever à 5 h 30 afin d'être à 7 heures à la station, à la rédaction. L'émission commençait à 8 h 30 et durait trois heures. Quand j'étais K.-O., je rentrais me reposer chez moi, rue de l'Université, et l'après-midi j'enchaînais sur « Champs-Elysées ». Je ne le referais plus. C'était une cadence qui met les nerfs à vif. On est trop tendu, on est « speed » vingt-quatre heures sur vingt-quatre. On n'a plus le temps de récupérer, le stress prend le dessus, on s'épuise, la qualité risque de s'en ressentir, c'est dangereux. Aussi dangereux que de ne pas voir venir la dépression qui guette...

Non, je ne me lancerais pas à nouveau dans une telle déperdition d'énergies. Mais je ne regrette rien. La meilleure émission de radio que j'ai faite, c'est « Studio 1 ». Même si c'est elle qui a le moins bien marché...

Pourquoi n'a-t-elle pas bien marché ? Parce qu'Europe 1 est une station de journalistes avant d'être une station de programmes. Et au lieu d'accentuer le côté « Champs-Elysées » de « Studio 1 », on aurait dû accentuer son côté journalistique, qui existait pourtant — sujets magazine, réactions à chaud... On n'aurait pas dû donner à « Studio 1 » une forme si proche de celle de « Champs-Elysées » — indicatif musical très ressemblant. L'effet a été l'inverse de celui recherché, qui était d'attirer vers « Studio 1 » le public de « Champs-Elysées ». Les gens ne se sont pas précipités, et cela pour deux raisons. Premièrement, ils avaient l'impression d'avoir affaire à une émission de télé sans l'image — c'était donc un « moins ». Deuxièmement, ils avaient l'impression de retrouver sur cinq jours ce qu'ils avaient vu le samedi soir. Redoutable ! Je n'aurais pas dû animer « Studio 1 » en public, j'aurais dû l'éloigner le plus possible de l'ambiance sonore de « Champs-Elysées ».

Cela dit, il ne faut pas oublier que ma mission, à Europe 1, était de fabriquer une émission immédiatement « télévisable » sur Canal Plus, le moment venu. Ce qui ne s'est pas produit. J'étais venu pour faire d'une pierre deux coups, d'une émission de radio une émission de télé. Et si vous regardez les 350 ou 400 cassettes de « Studio 1 » enregistrées en vidéo, vous verrez que c'était un formidable talk-show du matin. Formidable...

Cette sorte d'impasse, de « malentendu », dans lesquels « Studio 1 » s'est engouffrée malgré elle, a été l'illustration de phénomènes intéressants. Par exemple, on a eu la confirmation que les publics d'Europe 1 et de RTL sont complètement différents. Car l'autre espoir d'Europe, évidemment, était que les auditeurs de « La Grande Parade » que je venais de quitter me suivent jusqu'à « Studio 1 »... C'était oublier que le problème des vases communicants, en matière de radio, est bien plus complexe !

La vedette de RTL, c'est RTL. Voilà sa force. Lorsque Patrick Sabatier a remplacé Anne-Marie Peysson, qui faisait un triomphe le matin, il a fait le même score qu'elle. Et lorsque Fabrice m'a remplacé à « La Grande Parade », il a maintenu le score aussi. Cela signifie que la fidélité à une radio, surtout à RTL, est quelque chose d'extraordinaire, de particulier. Philippe Labro [1] l'a bien compris. Philippe Labro, meilleure illustration de la polyvalence : de ses débuts avec Pierre Lazareff à son roman *l'Etudiant étranger*, en passant par ses films comme *l'Héritier*, quel parcours !

Avoir travaillé dans ces deux stations, aux clientèles spécifiques, m'a permis de faire une carrière radiophonique complète, si j'ose dire. Il me fallait absolument les connaître toutes les deux ! Si je n'avais pas quitté « La Grande Parade », j'y serais encore... Et je n'aurais pas fréquenté cette rédaction d'Europe 1, si exceptionnelle, si mythique. La fascination d'Europe, c'est un automatisme qui existe encore dans l'esprit de toute une génération dont la mémoire est intacte. Les noms de Maurice Siégel, Jean Gorini, Jacques Paoli, Claude Terrien, résonnent encore... Et aujourd'hui on croise dans les couloirs André Arnaud, Alain Duhamel, Gérard Carreyrou, Catherine Nay, Philippe

1. Directeur des programmes de RTL depuis 1985.

Aubert, et Ivan Levaï dont je ne peux croire qu'on ne l'entendra plus sur Europe[1]. Bref, une vraie somme de talents... La rédaction d'Europe 1 conserve une image forte, y compris auprès des annonceurs, des publicitaires. J'ai même pu constater qu'une grande partie des décideurs, une grande partie du personnel politique, une grande partie des responsables des médias, ont découvert que je faisais de la radio quand je suis arrivé sur Europe ! Ils ne m'avaient jamais entendu sur RTL... Sans doute parce que, sur Europe, je commençais à 8 h 30, heure à laquelle ces décideurs écoutent la radio — jusqu'à 9 h 30 au plus tard. Ils ne l'écoutent jamais entre 11 heures et 13 heures. Longtemps, même, la vie politique s'est faite — ou défaite — le matin sur les ondes, entre 7 h 45 et 8 h 40, entre la chronique incisive de Philippe Alexandre sur RTL et le « Expliquez-vous » serré d'Ivan Levaï sur Europe 1... Aujourd'hui, c'est toujours Philippe Alexandre et trois quarts d'heure d'Elkabbach sur Europe... C'est tout ce que les hommes politiques « savent » de la radio.

De la même façon, certains responsables de médias ne savent pas grand-chose de la FM alors qu'ils pourraient y trouver de quoi renouveler leur stock d'animateurs... Ils se branchent dessus au petit

1. Un conflit a opposé, en août 87, Jean-Pierre Elkabbach, directeur d'antenne 2, Europe I, et Ivan Levaï, qui ne présente plus la revue de presse de 8 h 30.

bonheur la chance, de temps en temps en voiture, comme ça, ils ne l'écoutent pas « professionnellement ». Or, je sais qu'il existe dans certaines radios locales privées des voix et des visages intéressants, des « pêches » nouvelles, des motivations toutes fraîches...

Bref, je garde un souvenir « globalement positif » de « Studio 1 ». Même les demi-échecs sont porteurs d'enseignements pour la suite. Par exemple, cette leçon, plus personnelle, sur les limites à ne pas dépasser, côté « résistance »... Je ne pensais pas que cette émission serait aussi « tuante ». C'est pour cette raison que j'ai décidé de ne plus jamais faire radio et télévision en même temps. Jamais ! C'est du suicide. Un suicide physique.

D'ailleurs, j'ai complètement changé de vie, depuis que j'ai arrêté la radio. Je peux à nouveau sortir. Je ne me lève pas très tôt, vers 8 heures-8 h 30, j'écoute les infos en pianotant sur le poste, Europe 1, RTL, France-Inter... Ma gym, je la fais la veille au soir : j'ai un professeur qui vient tous les jours chez moi...

Disons que j'arrive au Pavillon Gabriel vers 10 heures...

Mon bureau est juste au-dessus du studio de « Champs-Elysées ». Je passe pratiquement toutes mes journées là-bas... Le Pavillon Gabriel, c'est mon siège social. J'en suis désormais le locataire principal. Avant, c'était Antenne 2 qui le louait, pour moi et le « Petit Théâtre de Bouvard », au propriétaire Potel et Chabot. La chaîne me l'a rétrocédé et, maintenant, c'est moi qui le loue pour moi... Mon ami Bouvard est parti sur la 5 et je vais accueillir dans ce lieu d'autres émissions. « Des chiffres et des Lettres », sans doute. Depuis peu, le studio est occupé une fois par semaine par la nouvelle émission d'Alain Bougrain-Dubourg, qui s'appelle « Entre chien et loup », émission sur les animaux diffusée le samedi soir à 18 h 30. J'interviens dans ce magazine pour présenter le « héros de la semaine », c'est-à-dire l'animal de la semaine. Le chien de la semaine, le chat de la semaine. C'est ma rubrique. Pour le reste, c'est Bougrain-Dubourg le patron. C'est son truc. Comme il sait que je suis fou des animaux, alors il m'a demandé d'apparaître et de parler de « nos amis les bêtes »... J'en profite, à la fin, pour donner rendez-vous une heure et demie plus tard dans « Champs-Elysées ». Evidemment... On n'est jamais si bien servi...

Bref, le Pavillon Gabriel est mon domicile professionnel. En plein centre des jardins des Champs-Elysées, cohérence oblige ! Pendant l'année, c'est dans cet espace que je passe le plus de temps. J'y suis même le samedi, puisque je présente neuf fois sur dix « Champs-Elysées » en direct. D'ailleurs, cela m'empêche de partir en week-end. Ma maison en Normandie est à 150 km, et c'est un peu juste, l'aller-retour dans la seule journée du dimanche. Pas le temps de profiter de grand-chose. Ça ne vaut pas le coup. Alors, on se prive... Oui, je prive tout le monde !

Je me couche très tard, le samedi soir. Non pas que je traîne dans les coulisses après l'émission — il n'y a jamais de dîner avec les invités, ou très rarement, et je reçois simplement dans mon bureau quelques spectateurs venus de province qui veulent me saluer. Mais une fois rentré à l'appartement, je revois tout de suite l'émission sur magnétoscope. Toute l'émission. Qui dure en général une heure et demie, quand elle ne déborde pas ! Il faut que je la revoie tout de suite, sinon je ne peux pas dormir. Je veux me rendre compte par moi-même de ce qu'elle a donné. Regarder certaines choses importantes pour moi.

Le dimanche, grasse matinée. Un peu comme en vacances : j'aime bien traîner... Quand je pense qu'il y a une époque — pas si lointaine : trois ou quatre ans encore — où je ne pouvais pas m'empêcher le dimanche matin d'aller faire un tour à la rédaction de Cognacq-Jay...

La grande victime de nos « impossibles » week-ends, c'est donc notre maison en Normandie, que nous délaissons trop pendant l'année. Heureusement, nous nous rattrapons durant l'été. Il faut nous voir reprendre possession des lieux avec cette frénésie gourmande... J'aime la lumière de juillet, ici, quand le ciel dégagé se laisse distraire par quelques nuages, et que le soleil est comme un spot qui s'allume et qui s'éteint...

En vacances, la maison se remplit de toute la famille et ma mère prépare quelques spécialités de son Autriche natale. Caviar d'aubergines, boulettes de viande, pâtisseries... Je fume la pipe, parfois le cigare, à la fin des repas. Je me surveille moins. La pipe, cela vous surprend... C'est Drucker hors-antenne. « Off ».

En vacances, je regarde quand même la télé. Bien sûr... Plutôt des cassettes afin de « visionner » les choses que je n'ai pu voir au cours de l'année. Et je ne rate aucun direct sportif, quitte à monopoliser toute la grande pièce d'en bas. Ça fait du bien de se sentir de l'autre côté, du côté de celui qui n'a qu'à se laisser porter par les images et les interventions du reporter... Bien que, parfois, je coupe le son et commente moi-même le match ou la course, histoire de ne pas perdre la forme. Je le fais dans ma tête... Non, je ne parle quand même pas tout seul !

En fait, en vacances je suis incapable de rompre complètement avec le monde extérieur, le monde et son actualité permanente, le monde des médias et son agitation incessante... Il me faut ma dose de journaux, de magazines, que notre « homme de maison », Claude, me ramène chaque matin, en revenant des courses. Claudius est notre cordon-bleu préféré — Dany n'est pas passionnée par la cuisine —, notre majordome new-look qui pense à tout dès qu'il s'agit d'organiser nos déplacements... C'est un ancien fan de « La Grande Parade » qui, après des études culinaires, cherchait une place. Il était souvent au premier rang, dans le studio de RTL, et Dany l'a repéré un jour. Elle a parlé avec lui et voilà, elle l'a engagé...

Oui, voilà, vous connaissez toute la famille... Si on revenait à la télévision ?

Lorsque j'ai abandonné « Les Rendez-vous du Dimanche » pour lancer « Stars », une téléspectatrice s'est plainte amèrement : « Je faisais l'amour en vous regardant, je ne suis pas sûre qu'Eve Ruggieri pourra vous remplacer ». Je lui ai répondu : « Qu'à cela ne tienne, vous me regarderez désormais le samedi soir ». Seconde lettre de la dame : « Oui, mais votre nouvelle émission est mensuelle au lieu d'être hebdomadaire, donc j'y perds ! »

Il m'arrive, comme ça, de répondre à des lettres étonnantes. J'en reçois environ 30 000 par an… que ma secrétaire Tania trie scrupuleusement. Tania, une autre ex-fan de « La Grande Parade »…

Cette lettre date de l'époque où je suis effectivement passé d'un rythme hebdomadaire, très « talk-show », à celui d'une émission mensuelle, très « super-show ». Des « Rendez-vous » à « Stars ».

Dans « Stars », j'étais surtout Monsieur Loyal, c'est-à-dire que j'étais debout, je présentais les séquences très rapidement, il y avait très peu d'interviews, c'était une vraie émission de prestige, très musicale, avec un grand orchestre, quarante musiciens, une grande piste lumineuse, une salle de deux mille personnes. Ça se passait, souvenez-vous, au Pavillon Baltard à Nogent. Magnifique ! Ça marchait bien mais très vite, quelques mois plus tard, il y a eu des changements à la télévision, dans la foulée du 10 mai 1981. Jean-Louis Guillaud, P.-D.G. de TF1, a quitté la chaîne et Pierre Desgraupes m'a appelé sur Antenne 2. C'était en août. Il m'a donné deux mois pour passer d'une chaîne à l'autre, pour passer à nouveau d'un rythme à l'autre, pour revenir à une émission hebdomadaire. Deux mois, c'était peu pour régler tout ça ! J'ai créé « Champs-Elysées ». Une sorte de « Stars » teintée de talk-show... Je voulais que ce soit une émission du samedi soir, donc très « show », tout en sachant que je ne pourrais faire « Stars » toutes les semaines. On ne peut pas assurer tous les samedis ce qui n'est réalisable qu'une fois par mois, ne serait-ce que pour des raisons techniques : plateau, lieu, etc. Le Pavillon Gabriel reçoit 250 personnes — même si on a l'impression qu'il y en a 3 000 —, alors que le Pavillon Baltard peut en contenir

2000. Malheureusement, Baltard n'était pas disponible tous les samedis…

« Champs-Elysées » est une alternance de moments « debout » et de moments « assis ». Je commence de manière très rapide, je maintiens cette cadence pendant les trois premiers quarts d'heure, puis je marque une sorte de pause en enchaînant sur une ou deux séquences pendant lesquelles je parle assis, où je fais une interview pour un film, pour une pièce. Dans « Stars », je ne parlais presque pas du tout, j'étais toujours debout. Aux « Rendez-Vous », j'étais toujours assis, position qui prédispose au bla-bla, position qui convient bien au dimanche après-midi mais surtout pas au samedi soir. « Champs-Elysées » est un mélange des deux, un cocktail. Disons trois quarts debout, un quart assis…

C'est surtout une émission adaptée à ce que représente la notion de « samedi soir ». Le samedi soir, ça doit être un décor et une lumière qui montrent aux gens qu'ils sortent. Si je l'ai appelée « Champs-Elysées », ce n'est pas par hasard. Qu'est-ce qu'on fait, le samedi soir ? On va aux Champs-Elysées… Qu'est-ce qu'on voit sur les Champs-Elysées, le samedi soir ? Des plaques d'immatriculation 92, 93, et des provinciaux. Il faut donc que, dans les campagnes et les villes de France, on regarde « Champs-Elysées » comme si on s'habillait pour sortir. On sort en restant dans son fauteuil. Capital.

Cette impression de « sortie », ça se donne par la lumière, d'abord. La lumière la plus « fête » possible, la plus classe possible, la plus *touch of class*... C'est un travail énorme qui représente au moins 40 % de ma concentration. La lumière du samedi soir, il faut que ce soit plus le Lido que la kermesse de la bière à Maubeuge. Oui, le samedi soir, c'est le Lido, le Moulin Rouge. Cette lumière doit rendre les gens beaux. Elle doit éclairer mes invités de façon à les « stariser ». Le samedi soir, à mon avis, on ne fait pas arriver un chanteur ou un acteur comme on le fait arriver un autre jour. D'où cette idée des belles voitures avec chauffeur, d'où la descente des grands escaliers. D'où, aussi, l'exigence qui est la mienne à l'égard du public proprement dit. Je veux que les personnes, dans la salle, ne fassent pas « négligées ». Parce que le samedi soir et le dimanche, en France, on s'habille. Un maire, le dimanche, il n'a pas la même chemise ni le même pantalon que pendant la semaine, même s'il ne fait rien de spécial. A la campagne, il y a toujours la traite le matin, mais c'est dimanche... Mon père a toujours voulu qu'on s'habille, le dimanche, qu'on soit propre.

Même à la télévision, donc, le samedi soir n'est pas un soir comme les autres. Il faut habiller le petit écran.

Et ce qui est amusant, c'est que cet habillage change, bien sûr, au fil du temps... Les téléspectateurs s'en aperçoivent-ils ? « Champs-Elysées » a cinq ans.

Si vous visionnez les deux premières années et si vous les comparez avec 1987, vous vous rendez compte que ce n'est pas la même émission. Il ne reste que le générique et le titre ! Et pourtant le public n'a rien remarqué, rien. Le secret, c'est de bouger sans qu'il le voie.

Qu'est-ce qui a changé ?

J'ai encore élargi le cadre de l'émission. Les soirées à thème, c'est quelque chose que je n'aurais pas tenté il y a deux ou trois ans. Sans doute parce que je ne savais pas les faire... Et puis, je n'aurais jamais osé imaginer que Pavarotti, Raimondi, Weissenberg, ou même Françoise Giroud, viendraient à « Champs-Elysées ». Comme je n'aurais pas imaginé que Bette Midler, Liza Minnelli, Barbra Streisand, Sammy Davis, Jane Fonda, Mickey Rourke, Lionel Ritchie, toutes ces grandes pointures mettraient les pieds dans mon générique... D'autant plus que je n'ai même pas eu à les solliciter ! Ce sont elles qui ont souhaité passer dans l'émission... Oui, ce sont eux, ces monstres sacrés, qui sont venus à moi ! Ça m'a aidé... Surtout, ça signifie qu'il faut des années et des années pour être crédible. Non, bien sûr, Jane Fonda ne prend pas son téléphone pour me supplier de l'accepter dans mon show... Ce sont les représentants de ces stars en France qui leur conseillent de « faire Champs-Elysées ». Et c'est un signe qui ne trompe pas...

Jane Fonda, je suis allé l'interviewer aux Etats-

Unis. Quand je suis arrivé, tout était réglé, la lumière, tout était préparé, sa place à elle. C'était à New York, dans un hôtel. Il n'y avait plus qu'à dire « moteur ! ». Jane m'a simplement prévenu : « J'ai vingt minutes à vous accorder. » Les Américains sont comme ça. Une fois que le principe du rendez-vous est admis, leurs agents vous font savoir que M. Eastwood, ou M. Ritchie, ou M. Bowie, « vous recevra entre 16 heures et 17 heures ». Vous pouvez être sûr qu'à « moins cinq » ils seront là et qu'au bout d'une heure, ce sera fini. Mais pendant cette heure-là, ils sont d'une disponibilité absolue.

Pour Clint Eastwood, que j'ai tourné à Carmel, ville dont il est maire, située au bord de San Francisco, tout le monde était à l'heure. J'ai fait l'interview et j'ai repris l'avion... Paris-San Francisco aller retour en vingt-quatre heures, interview comprise ! C'était carré... Il m'a consacré le temps prévu, pas une seconde de plus, mais a veillé pendant toute la séance à me faciliter les choses au maximum. Par exemple, le caméraman de l'équipe américaine n'était pas d'accord avec la position de la caméra que j'avais indiquée. Clint Eastwood s'est tourné vers lui, cool, et sans dégainer mais c'était tout comme, il lui a dit : « T'es payé pour ça... Lui, il vient de France, c'est son émission, s'il te dit que la caméra doit être là, c'est qu'il sait exactement ce qui est bien pour son show, alors tu t'écrases et tu fais ce qu'il demande, sinon je te vire. » Too much ! Les Américains savent incroyablement s'adapter à chaque émission, à chaque impact, à chaque public. On leur explique et ils pigent tout de suite. On ne perd pas de temps à discutailler.

Quand Barbra Streisand est venue en direct, un samedi soir, elle savait ce qu'était « Champs-Elysées », combien de téléspectateurs cela représentait, à qui l'émission s'adressait, à quel moment elle passerait, combien de temps je lui consacrerais, de quoi il serait question. Elle a fait elle-même la mise en scène de sa prestation. Elle a choisi l'endroit où elle serait, sur le plateau, elle a choisi la lumière — ce sont les grands acteurs américains, les femmes en particulier, qui m'ont appris cette importance de la direction-photo — elle a réglé la hauteur des caméras, elle m'a moi-même placé, elle a placé Michel Legrand et son piano. Elle a tout pris en charge, afin d'être à son avantage, le soir. Mais attention : sans jamais désavantager ses interlocuteurs ! En même temps qu'elle pensait à son bon profil, elle soignait celui des autres. Formidable ! C'est elle qui m'a le plus impressionné. Je l'ai laissé faire. Enfin... C'était tellement huilé que je me suis dit : je vais quand même lui montrer qu'en France, dans les pays latins, on sait improviser. Et je l'ai piégée, le soir ! Je lui ai demandé de chanter, ce qu'elle ne voulait pas faire. Je l'ai entraînée vers le piano, où Michel Legrand l'attendait, et je l'ai presque forcée à fredonner pendant deux minutes les airs que lui réclamait la salle. Elle était folle furieuse, parce que c'est le contraire de l'Amérique, ça. En Amérique, rien n'est improvisé, rien. Tout est écrit sur le prompteur, on ne fait pas de direct, tout est monté, y compris les rires et les applaudissements, tout est calculé. L'avantage, c'est que l'on sait où on va, c'est d'une précision hyper-sécurisante.

D'ailleurs, certaines actrices célèbres, accoutumées au cinéma et à ses prises multiples qui permettent de recommencer quand ça ne va pas, refusent systématiquement le direct à la télévision. A « Champs-Elysées », elles enregistrent leur séquence. Toujours. C'est le cas d'Adjani, de Deneuve, de Michèle Morgan, de Sophia Loren. C'était le cas de Signoret et de Romy Schneider. Je comprends, je respecte cela, ce besoin de contrôler son image.

A la télévision américaine, mis à part les Oscars et les infos, toutes les parties variétés sont enregistrées à l'avance. L'inconvénient, c'est que souvent ça enlève de la spontanéité…

La raison essentielle de cette congélation des programmes devenue une sorte de « règle professionnelle » pour les artistes, c'est le calibrage de la pub à la seconde près. Et la télé privée qui s'installe en France va tuer peu à peu le direct. A cause de la pub. C'est pour cela, aussi, que j'ai décidé de défendre le direct sur Antenne 2. Il va falloir, cela dit, que je cesse de déborder, côté horaire, comme je l'ai fait cette année.

J'ai dépassé les bornes, je le reconnais. Et ça fait gueuler à juste titre ceux qui attendent l'émission suivante ou qui ont programmé leur magnétoscope. Et puis, c'est une mauvaise habitude que je risque de prendre, alors que si je me retrouve un jour sur une chaîne privée, je devrai moi aussi me plier aux impératifs minutés de la publicité. Un débord est impensable, sur une chaîne privée. Même de cinq minutes. La pub doit passer à l'heure dite, à l'heure pile conclue avec l'annonceur. Car l'annonceur, il paie une fortune pour « moins le quart », pas pour « moins dix ». Donc, je devrai m'y faire. Mais je me battrai pour garder le direct, j'essayerai de sauver les meubles, de faire en sorte que, même si les séquences sont enregistrées, je puisse, moi, être en direct.

Le direct, c'est cette part de vertige, ce numéro de funambule sans filet... Cette excitation, à vous tordre l'estomac, qui vous prend, vous pousse. Le direct, c'est plus fort que vous, c'est l'extase tant attendue, et tant redoutée...

Evidemment, mieux vaut avoir répété avant !

Pour « Champs-Elysées », cela occupe trois journées pleines, chaque semaine. C'est très lent, c'est un accouchement très difficile. Trois jours et demi exactement de répétitions. Chaque chanson, par exemple, représente au minimum deux heures de mise au point. Le son, la lumière... Deux heures de mise en place. Pendant ce temps, je suis dans mon bureau, j'ai deux écrans qui me relient au plateau. En bas, Françoise Coquet « orchestre » les opérations... Parfois, je descends, quand je sens que ça n'avance pas, qu'il y a un problème.

Tous les professionnels qui sont venus à « Champs-Elysées » sont sidérés par notre technique de répétition. Ils découvrent à quel point l'impression de facilité qui se dégage de l'émission, le samedi soir, repose en fait sur une précision de chaque instant. C'est dans cette rigueur extrême que « Champs-Elysées » trouve sa vraie liberté. D'action, de ton. Lorsque j'apparais sur le plateau et que je dis bonsoir, l'émission que vous voyez est la troisième pour moi. L'après-midi, on a fait un dernier « filage » complet, comme au théâtre. Quand arrive 20 h 30, je sais que tout a été suffisamment répété et je peux me reposer là-dessus, sur ce bon fonctionnement a priori. L'ordre des séquences, leur enchaînement, les arrivées, les sorties, les éclairages, les bandes-son, tout cela est censé aller de soi, et c'est une sorte de « garantie » dans ma tête qui me permet de me concentrer entièrement sur l'animation proprement dite de l'émission. Ça me permet de prendre, moi, quelques risques, de jouer, de surprendre mes invités qui ne savent pas toujours quel type de questions je vais leur poser. Bref, de donner le meilleur de moi même. Si vous voulez, je suis sans filet dans une émission où tout est fait pour qu'il n'y ait pas de catastrophe, pas de faux-pas dramatique. Même le funambule répète...

Cela n'empêche pas, évidemment, les dérapages incontrôlables. Ils sont comme la tache d'huile sur le circuit de Formule 1, ils sont comme la pelouse glissante en football. Ils n'étaient pas prévus au programme. La tache d'huile, comment savoir ? Et s'il pleut sur la pelouse juste avant le match ? En général, cela arrive quand on croit avoir tout envisagé. Même Gainsbourg est imprévisible, alors qu'on l'attend au virage...

Gainsbourg...

C'est lui qui est allé le plus loin, dans le genre qui déjante en pleine course... Dans « Stars », il m'avait déjà fait un coup assez rude : ivre mort, il avait chanté avec Catherine Deneuve en la pelotant devant quinze millions de téléspectateurs. C'était très pénible. Pour elle, surtout, parce qu'ils devaient chanter tous les deux — c'était la chanson du film de Claude Berri *Je vous aime* ! — et il s'accrochait à elle, la collait avec insistance... Ensuite, ce morceau de bravoure terminé, il était tombé sur Piccoli, qui était là aussi, il l'avait plaqué et lui avait roulé une pelle, l'avait embrassé sur la bouche, et ça faisait beaucoup en cinq minutes à peine ! C'était, disons-le, assez insoutenable... Ça avait d'ailleurs provoqué un beau scandale.

Je m'étais fait engueulé par plein de gens : « Pourquoi prenez-vous ce poivrot ? » Moins sûr de moi qu'aujourd'hui, j'avais décidé de ne plus l'inviter.

Ce que j'ai fait pendant cinq ans...

Cinq ans plus tard, donc, je rencontre Serge qui me dit : « Alors, tu ne veux plus de moi ? » Je lui explique : « Il y a des limites... Tu sais très bien qu'on ne peut pas tout faire. » Il me répond : « Je te promets que la prochaine fois, je viens en smoking et rasé ! Tape là ! » O.K. !

Je le « convoque » pour un « Champs-Elysées » dont Eddy Mitchell était l'invité. Ils devaient chanter en duo à la fin. L'émission commence. Je dis au micro : « Voilà Serge Gainsbourg. Nous avons fait un pari ensemble, il est venu en smoking... » Applaudissements. Serge était habillé comme dans le style de la campagne qu'il avait faite pour les vêtements Bayard, dont le slogan était : « Bayard, ça vous change un homme. » On le voyait en smoking, rasé. Une excellente campagne, soit dit en passant. Bon.

Jusqu'à 21 h 50, impeccable. Tout se passe bien. Il reste une chanson avant le final, une chanson de Whitney Houston, célèbre chanteuse américaine, habituée du « Top 50 ». Je l'annonce, elle apparaît, elle chante, et pendant ce temps Serge Gainsbourg me souffle à l'oreille : « Elle est fantastique, t'as vu comme elle est balancée, quel canon ! Faut que tu me la présentes ! » Erreur fatale ! La chanson finie, je vais vers elle, seul, « *thank you* », et je l'emmène vers le coin-canapé du plateau, où se trouve Serge. Je fais les présentations : « *My friend,* Serge Gainsbourg. » Et lui, se tournant vers elle, lui lance devant des millions de personnes : « *I'd like to fuck you* », autrement dit la pire des insultes.

Whitney Houston devient grise.

Moi, pour rattraper ça, je traduis par : « Oui, Serge Gainsbourg vient de lui dire qu'il aimerait lui conter fleurette. »

Lui : « C'est pas ça du tout ! J'ai dit que j'aimerais bien la baiser ! »

Là, je suis vraiment catastrophé, et j'ordonne à Serge de s'excuser sur-le-champ, en direct, tout en essayant d'expliquer ça à Whitney qui est de plus en plus blême. « *He wants... He wants to...* »

Et lui : « Oui, d'accord, je veux bien m'excuser. Ce que j'ai voulu dire, c'est que... ce n'était pas pendant l'émission que je voulais la baiser, mais après ! » L'horreur. Et là, pendant un dixième de seconde, je me suis vu attraper Gainsbourg au collet et le virer physiquement de la scène. Je me suis vu le prendre et lui dire : maintenant tu te casses. Je me suis vu lui mettre mon poing sur la gueule. J'étais tellement fou de rage.

En faisant ça, c'était le triomphe assuré. Je flinguais Gainsbourg sur place et 80 % de la France était avec moi. Je ne l'ai pas fait parce que, quelque part, c'était démagogique, oui, trop démago. Je ne l'ai pas fait parce que, d'autre part, si je le virais, mon émission était terminée, il n'y avait plus de duo avec Eddy, j'étais obligé de dire : « Je suis désolé, l'émission s'arrête là », et ça revenait à dramatiser, à faire tout un plat d'un truc qui s'était tout de même passé assez vite...

Mais on aurait découvert Drucker en colère, un Drucker que les gens ne connaissent pas.

Enfin...

Après l'émission, ça a été affreux. A minuit, Françoise Coquet est allé déposer des fleurs au Georges V, l'hôtel où Whitney Houston était descendue. Elle était encore dans un état...

Gainsbourg, lui, était emmerdé : « Tu sais comme je suis, me répétait-il. J'ai déconné. » Il voulait vraiment s'excuser, cette fois, mais elle a refusé de le voir.

Deux jours plus tard, elle avait droit à toute la presse américaine, et lorsqu'elle est rentrée aux Etats-Unis, elle a fait tous les talk-show en racontant : « En France, il y a une émission où l'on m'a dit : *I want to fuck you.* Les Français sont des fêlés ! »

Et moi, depuis, je n'ai plus repris Gainsbourg... Si je dois le reprendre un jour et qu'il recommence, je me demande si je ne le virerai pas.

Cette histoire, évidemment, c'est le cas extrême. Le cas où l'on sauve ce que l'on peut, où il faut rester maître de ce que l'on ne peut plus maîtriser. Mais en général, les grands professionnels savent jusqu'où ils peuvent aller avec moi et je ne déteste pas ça, au contraire, j'adore. Il y a sept personnes avec lesquelles c'est un rêve de faire des émissions de télévision, parce que ce sont des animateurs-nés : Bedos et Serrault, bien sûr, deux fidèles de « Champs-Elysées », mais aussi Poiret, Michel Lebb, Jean Carmet, Michel Galabru, et Jean Rochefort. Dieu sait s'ils m'en font de toutes les couleurs ! Mais ce sont eux qui m'aident le plus à me détendre, à être moi-même sur scène, à montrer mon vrai tempérament. J'aime rire, j'aime faire de l'humour au premier comme au second degré. Mes copains le savent, le public pas encore assez.

L'an dernier, Michel Serrault me téléphone et me dit : « J'ai une petite idée pour votre émission, puisque vous voulez que je sois là. Je vais enregistrer un message dans lequel j'expliquerai pourquoi je ne peux pas venir. Je dirai que je n'ai pas de smoking assez chic et j'en fournirai l'illustration ! » Rendez-vous est pris pour la veille de l'émission. Je l'interviewe, et cela donne : « Mon cher Michel, votre émission est très classe, je la regarde tous les samedis soir, je n'ai rien à me mettre, regardez, je vous ai amené dans ce sac mon vieux smoking, si vous voulez bien l'essayer, vous allez voir, vous allez comprendre, je ne peux pas me présenter avec un truc comme ça demain soir. » Et je mets le pantalon, et je découvre qu'il me fait passer un smoking de clown, qui arrive là, large comme ça, il me dit « Marchez » et je suis un clown, et la caméra tourne, et le public, le lendemain, voit cet enregistrement sur l'écran. Irrésistible !

Il terminait la séquence par une promesse de tout faire pour trouver d'ici la fin de l'émission quelque chose à se mettre. Je savais qu'il allait débarquer mais, juré, je ne savais pas ce qu'il me réservait. Et voilà qu'il arrive déguisé en Sumo ! Vous savez, ces japonais obèses qui pratiquent un combat proche du judo et qui ont fait quelques séances de démonstration à Bercy l'an dernier. Ce soir-là, ils étaient mes invités... Serrault en Sumo ! Plus exactement en slip, langé comme un bébé, et en peignoir de boxeur. Je suis plié en deux, la salle pliée en quatre. Et j'en rajoute, je lui demande ce qu'il a pensé de ses confrères-sumo au cours de leur mini-combat pendant l'émission, et il dit : « Très bien, très bien, Marcel a beaucoup grossi, Henri a maigri », il les appelle comme ça, Marcel et Henri, et pour le relancer je lui demande des nouvelles de son *Avare* qu'il était en train de jouer à Paris avec Annie Girardot, et il me fait une tirade complète en japonais. Un génie ! J'en pleurais de rire, je ne me retenais plus...

Longtemps, je me suis mutilé sur scène, je me suis effacé, me contentant du minimum. Je sais pourtant que le moteur de l'émission, celui qui donne le ton, celui qui fait monter la mayonnaise, celui par qui la sauce « prend » — comme avec Serrault ou Bedos — c'est l'animateur. Mais j'ai toujours hésité à me mettre en avant. Cette année, pour la première fois, j'ai l'impression que j'ai digéré vingt années de métier et que je suis prêt à montrer un autre aspect de ma personnalité. A me montrer tel que je suis dans la vie, tel que je suis dans ce livre. Jusqu'à présent, 5 % seulement de cette personnalité apparaissaient. Parce que j'ai toujours voulu penser d'abord aux autres, aux invités, et que j'ai toujours eu du mal à accepter que c'était moi la « vedette » de l'émission. Plusieurs patrons de chaîne m'ont dit : « N'en faites pas trop dans la sobriété, Michel, le leader de l'émission c'est vous. » Mais là encore, ma pudeur, ma timidité... Oui, cette timidité qui fait que lorsque j'entre en scène, on me l'a déjà fait remarquer, je ne peux pas m'empêcher d'avoir ce mouvement de sourcil, le sourcil qui se lève, rictus inévitable avant de me jeter à l'eau. Comme un sursaut de pudeur...

Pourtant, c'est vrai, quand on regarde les autres émissions, « Apostrophes » sans Pivot ce n'est plus « Apostrophes ». Et « Droit de réponse » sans Polac... Et « Dimanche Martin » sans Martin... Je crois que j'ai enfin compris qu'il faut que je sois plus présent.

Quelqu'un comme Bedos m'a fait beaucoup de bien aussi. Comme Serrault. Je veux dire, le numéro de main à main que je fais avec lui, c'est un vrai numéro de complices. J'adore faire ça. Bedos sait me bousculer, me pousser. Et j'aime jouer avec lui, j'aime son registre, sa provocation gaie. C'est ma manière de montrer aux gens que je suis capable de suivre et que, contrairement à ce qu'ils pensent, je ne suis pas destabilisé. Combien de personnes me disent : « Vous avez dû souffrir, samedi, avec Bedos ! » En fait, j'aime être le clown blanc de l'autre quand il le faut. J'aime l'être avec ceux qui peuvent tout se permettre parce qu'ils me connaissent très bien. Ceux-là savent à partir de quel moment ils risquent de dénaturer mon émission. Ce risque, certains l'ont frôlé pour rire... Parfois, Coluche et Thierry Le Luron ont été à deux doigts d'en faire trop... Parfois, j'ai eu peur mais c'est très excitant.

Thierry Le Luron a fait scandale en chantant *l'Emmerdant c'est la rose*... Le risque, là, c'est celui d'une politisation outrageuse de l'émission, tout comme avec Bedos épinglant Léotard sans savoir que des représentants du ministre sont dans la salle... Les partis visés, les familles chahutées réagissent plus ou moins bien, cela dépend. Le lendemain de *l'Emmerdant c'est la rose,* j'ai rencontré M. et Mme Bérégovoy au Club de la Presse d'Europe 1 et ils m'ont pratiquement agressés, m'expliquant que leur cœur de socialistes avait beaucoup saigné la veille à cause de moi. « On sait bien, m'ont-ils dit, que c'est du direct... Mais enfin, monsieur Drucker, avoir laissé Le Luron faire ça, vous savez bien ce que c'est... » Et Mme Bérégovoy d'ajouter : « On voyait bien que le public qui chantait ça à gorge déployée avait été sélectionné. » Alors là, je lui ai simplement répondu qu'elle tombait très mal... Car le gag, dans cette histoire, gag hallucinant, c'est que la salle de « Champs-Elysées », ce soir-là, était composée de gens venus en car du Nord de la France — un déplacement organisé par *La Voix du Nord.* Ils étaient tous de la circonscription de Mauroy à Lille ! Quand je lui ai dit ça, Mme Bérégovoy est devenue blanche et a simplement laissé tomber : « Comme quoi on peut faire chanter tout à n'importe qui ! »

Quant à Coluche, il m'a tout fait, lui aussi. Il a raconté des histoires salaces en plein samedi soir alors que ce n'était pas vraiment ce que je lui avais conseillé... Des histoires bien vulgaires avec un gros clin d'œil, rien que pour me faire enrager... Il est monté sur un piano, lors d'une émission avec Eddy Mitchell, et il a cassé le piano. Il est arrivé en tutu, en danseuse, à « Champs-Elysées »... Mais comme je connaissais le personnage, dans la vie, le Coluche émouvant, pathétique, un peu nostalgique, je lui pardonnais... Coluche, c'était la générosité, l'intelligence et le désintéressement. Coluche, c'est celui qui me manque le plus parce qu'il était un véritable miroir de ce que sont les Français et qu'il faisait du bien même quand il appuyait là où ça fait mal... Coluche, il avait la force d'un Lenny Bruce, dont Bedos est proche aussi. Vous savez, ce comique américain qui dérangeait, dans les années 50, et incarné à l'écran par Dustin Hoffman dans « Lenny »... Coluche, la première fois que je suis allé dîner chez lui, en compagnie de ma femme, dans sa maison du Parc Montsouris, j'ai vu qu'il avait tous les disques de Dany. C'était un inconditionnel de Dany. C'est tellement vrai que lorsqu'il a tourné *l'Inspecteur la bavure,* il a voulu que Dany ait un rôle dans le film...

Oui, Coluche, je lui pardonnais tout.

En fait, ce ne sont pas les écarts les plus extravagants qui me choquent le plus, sur le plateau. Ces écarts, c'est comme un accident de parcours, ça arrive de temps à autre, on en tire les conclusions nécessaires. En revanche, ce qui me semble impardonnable, ce qui m'est le plus insupportable — et ça, en règle générale —, c'est quand on crache dans la soupe. Lorsque Charlélie Couture, en plein « Champs-Elysées », m'attaque sur ma façon d'être dans l'émission, il crache dans la soupe, et ça, c'est inoui, c'est incohérent. Je lui avais dit : « J'aime bien votre chanson » et il m'avait répondu : « Je me demande comment je dois le prendre puisque vous trouvez que tous vos invités sont gentils et ont du talent. » Je n'accepte pas qu'un chanteur vienne présenter son nouveau disque, oui, vienne faire sa promo, vendre sa marchandise et critique en même temps l'émission dont il profite. C'est comme le groupe The Cure... Ils sont passés dans « Champs-Elysées », à l'occasion de leur nouvel album, et le lendemain ils ont dit qu'ils avaient été mal reçus, ils ont dit dans une interview à un magazine que l'émission était un peu « *has been* »... Ce que je n'ai pas dit, moi, c'est qu'ils étaient complètement bourrés, qu'ils sont restés dans les coulisses à picoler et qu'après le show il y avait des cadavres de bouteilles de bière partout. Là, c'est carrément dégueuler dans la soupe...

Alors, Charlélie Couture me reproche — il n'est pas le seul — d'être trop gentil avec tout le monde... Ça me surprend toujours ! On voudrait peut-être que j'invite les gens pour les assassiner ? Si être gentil, c'est mettre les artistes dans les meilleures conditions afin qu'ils se sentent le moins tendus possible face aux caméras, alors je suis gentil. J'ai toujours pensé que l'agressivité, la causticité, voire la perfidie, comme manière de procéder quand on interviewe quelqu'un, c'est plus réducteur qu'autre chose. Moi, j'obtiens davantage des artistes en les accueillant comme j'aimerais qu'on m'accueille. La télévision est un exercice déjà assez compliqué pour ne pas tendre des pièges supplémentaires, surtout en direct.

Et puis, c'est mon ton à moi, un ton de conciliateur, de diplomate. On ne se refait pas. La propension à la gentillesse est-elle réellement un défaut ? J'ai toujours préféré le sourire, l'humour, l'amabilité à la vacherie.

Cela dit, j'aurais pu l'allumer, Charlélie Couture, et je lui aurais fait beaucoup plus mal qu'il ne l'imagine. Je me suis contenté de lui conseiller d'aller faire un tour à « Droit de réponse », ce qui était un peu facile, je vous l'accorde. Ce que j'aurais pu lui dire si j'avais voulu ? Que je ne comprends pas son succès, que je trouve ridicule son accoutrement branché, sa queue de cheval et son allure d'arbre de Noël ambulant. J'aurais pu lui dire : « Je n'aime pas toujours ce que vous faites mais je ne veux pas pénaliser ceux qui vous aiment. » D'ailleurs, tout est là, dans cette phrase sous-entendue… Elle résume ce que j'ai souvent en tête.

Car il est évident que je n'invite pas dans « Champs-Elysées » que des artistes qui font des choses que j'apprécie. Il y en a que je considère comme très attachants, très sympas, sur le plan humain, mais dont le répertoire ne me touche absolument pas. La liste pourrait être longue. Je pense simplement qu'ils peuvent faire une carrière et c'est ce que je leur dis ! Je leur dis : « Je vous souhaite une longue carrière. » Et quand je souhaite à quelqu'un de réussir, je le lui souhaite totalement. Voilà. Le reste dépend du public. Or, le goût du public est une donnée très mystérieuse. Pourquoi le public fait-il un succès à une chanson qui me laisse froid ? C'est que, dans cette chanson, il y a un truc qui passe et que je dois comprendre. Je n'ai pas été intéressé, sur le plan artistique, par *Licence IV,* mais il faut prendre acte de ce succès. Il faut respecter *Licence IV* comme il faut respecter *la Danse des canards.* Les gens qui aiment ça, je les connais, je sais comment ils vivent, je ne me sens pas le droit de leur dire que ce qu'ils aiment, c'est zéro. On en revient toujours à ça. De quel droit leur dirais-je ? *Licence IV,* Georges Guétary, ça existe. Pas question de ne pas en tenir compte, même si ce n'est pas ma tasse de thé.

Disons que peut-être, parfois, mes invités sont présentés à efficacité égale et que je pourrais nuancer, moduler, c'est vrai. Mais je ne prétends pas avoir toujours le mot juste, le bon réflexe. Une seconde d'inattention, de déconcentration, une question en moins ou une question en trop, et l'émission peut prendre une tournure différente de celle qu'on voulait lui donner. Une émission, c'est sensible, très sensible...

Par exemple, je me suis fait « avoir » par Linda de Suza. Elle était venue présenter *la Valise en carton* et je lui ai posé une question concernant un passage précis du livre, passage où elle évoque un souvenir pénible, et elle a commencé à raconter, ménageant une sorte de suspense avant de fondre en larmes ! Elle pleurait devant une salle bouleversée et je m'en suis voulu d'avoir été complice de ça. D'avoir tendu la perche à ça, plus ou moins consciemment. J'avais posé la question de trop presque malgré moi, la question tentante, un peu démago... Elle m'avait échappé ou, plutôt, je n'avais pu la retenir. Oui, l'envie d'être démago, c'est ce qu'il y a de plus difficile à « dompter ». Vous pensez ! Linda de Suza en larmes... Un tabac ! C'est gagné. Mais ce n'est pas sain, je n'aime pas, ça me gêne, une sorte de honte... Je ne sais pas si, comme vous le dites, d'autres en profiteraient pour en rajouter, pour en remettre une louche, mais moi, il y a des choses, des situations, qui me mettent mal à l'aise. C'est pour cela, sans doute, que je ne me résoudrai jamais aux jeux du cirque sur une chaîne privée...

Le problème n'est pas de recevoir ou de ne pas recevoir Linda de Suza. Le problème, c'est la manière. A « Champs-Elysées », il n'y a pas de règle toute faite quant au choix des invités, il n'y a pas « ceux que je prends » et « ceux que je ne prends pas », non, il n'y a pas d'exclusive, free-jazz et musique transcendentale exceptés... Ce qui fait l'émission, ce qui la caractérise, me semble-t-il, c'est le ton, la façon de se conduire avec les vedettes et avec le public. La forme. Et la diversité. L'équilibre dans la diversité.

Comment s'établit le plateau, le menu, chaque semaine ?

D'abord, il y a l'actualité, qui est une priorité à sa manière. Le cinéma, le théâtre, le music-hall, Johnny à Bercy, le retour de Lama, c'est ce que j'appelle l'actualité, ça impose des séquences.

Comment se passe le choix des invités ? Je pourrais le résumer en une phrase : ce que les gens aiment et ce qu'ils pourraient aimer. Françoise Coquet et moi-même sommes très attentifs à cela. Surtout à ce que le public pourrait aimer. Il y a les vedettes-locomotive et, dans leur foulée, des inconnus qui n'auraient pas le même impact s'ils ne bénéficiaient pas de cette présence des stars. Un inconnu, c'est aussi bien le débutant qui rame que l'interprète d'un tube qu'on entend beaucoup à la radio mais dont le nom n'est pas encore sur toutes les lèvres. Alors, dans ce second cas, c'est intéressant de mettre un visage sur ce chanteur qui monte…

Bien sûr, on ne peut pas contenter tout le monde. On essaie de sélectionner, parmi ces jeunes, ceux qui ont le plus de chance de se révéler grâce à l'émission. On prend celui qui est déjà dans l'oreille des gens et qui a besoin d'un coup de pouce. Ou bien c'est le coup de foudre pour quelqu'un qui est programmé nulle part et que le passage dans « Champs-Elysées » va lancer... Enfin, il y a le critère physique. Soyons clair : à égalité vocale, c'est celui qui défend le mieux physiquement sa chanson qui l'emporte. Entre Mireille Mathieu et Georgette Lemaire, il y en avait une qui avait la présence en « plus ». C'est comme ça. Jeanne Mas a démarré sur le plateau de « Champs-Elysées » et, visiblement, ce soir-là, son look, sa présence étonnante, ont joué en sa faveur. Elle a démodé les autres... Jeanne Mas, elle avait beaucoup ramé en Italie, où elle avait fait de la pub-télé et tourné des petites choses pour le cinéma, tenu des petits rôles dans des films de Dino Risi. Elle attendait son heure...

Donc, on essaie de recevoir ceux qui réunissent un maximum d'atouts au départ. Ce qui est certain, c'est que dans tous les cas, « Champs-Elysées » est un détonateur. « Champs-Elysées » ne peut pas nuire. Jean-Jacques Goldman, que je connaissais dans les années soixante-dix — non pas en tant que frère de Pierre Goldman mais en tant que leader d'un groupe intéressant appelé Taï Phong — a mis un temps fou à percer. Il a subi une traversée du désert dont il ne voyait plus la fin. Et c'est découragé qu'il a fait une ultime tentative à « Champs-Elysées ». La bonne ! Il a chanté *Il suffira d'un signe* et ça a marché, ça a été le démarrage de sa carrière de soliste.

J'aime lorsque « Champs-Elysées » stimule ou récompense de vrais talents. Evidemment, les maisons de disques cherchent à placer leurs protégés mais j'ai très peu de relations avec elles. Je suis incapable de vous dire, à quelques exceptions près, le nom de la maison de disques d'un chanteur. C'est comme le « Top 50 ». J'y fais attention mais sans plus. Le « Top » est une usine à coups, ce n'est pas forcément le baromètre du goût du public.

En fait, j'entretiens moi-même des relations personnelles avec les artistes. Il est plus intéressant d'être en prise directe avec eux et d'essayer, dans la mesure du possible, de se passer d'intermédiaire. Cela évite les malentendus de toutes sortes avec producteurs, directeurs artistiques, attachées de presse... De plus en plus, Françoise et moi, nous préparons avec les artistes eux-mêmes les émissions qu'on va faire ensemble. Ils viennent à la maison ou nous déjeunons avec eux dans des petits restaurants tranquilles. Johnny, Lama, Annie Cordy, Goldman, Cabrel, je les rencontre tous régulièrement. L'autre jour, je suis allé déjeuner avec Julien Clerc en bas de chez lui... Et la semaine dernière encore, avec mes deux Françoise — Boulain et Coquet —, nous avons rendu visite à Sardou chez lui, à la campagne, près de Mantes-la-Jolie...

C'est l'occasion pour moi d'en savoir un peu plus

sur leur état d'esprit du moment, de mettre des choses au point, et l'occasion pour eux de me confier ce qu'ils n'ont jamais la possibilité de me raconter sur le plateau quand ils viennent. Où ils en sont dans leur carrière, quels sont leurs soucis, leurs problèmes, leurs espérances aussi. Leur masque tombe un peu et, alors, on s'aperçoit qu'il y a un point commun entre tous : ils sont dévorés par l'inquiétude. Tous. Chacun à sa façon. Même un garçon comme Michel Berger avec qui, longtemps, j'ai eu du mal à communiquer parce que je croyais qu'il avait une espèce de complexe de supériorité, même lui cache une anxiété qu'on ne soupçonne pas.

Goldman, Berger, Cabrel, tous sont vedettes depuis six ou sept ans, parfois dix. Tous appartiennent à une génération qui a beaucoup observé les « anciens », les glorieux anciens. De Brassens à Johnny... Et ils savent que ça va être de plus en plus difficile de durer. Goldman est, à cet égard, très « spectateur » de son métier. Tous sont saisis par la peur de ne pas se renouveler. Ils savent que lorsqu'on écrit cinq grandes chansons dans sa vie, c'est déjà exceptionnel...

Alors, cette peur de ne pas se renouveler les amène à prendre des décisions draconiennes...

Le monde des variétés n'est plus ce qu'il était.

Jean-Jacques Goldman, Michel Berger, et même Francis Cabrel, gèrent à ce point leur avenir qu'ils envisagent sérieusement d'abandonner la scène dès 88 ou 89.

Goldman va encore faire une tournée en 88 puis devenir producteur indépendant. Il pense avoir tout dit, ou plus précisément, avoir épuisé tout ce qu'il peut donner de lui sur scène. Alors, il va probablement arrêter. C'est, en tout cas, ce qu'il m'a expliqué.

Michel Berger et France Gall, c'est pareil. Ils ne vont pas tarder à prendre une semi-retraite, tout en continuant à faire du disque et à produire.

Oui, la vie des stars a changé.

Par exemple, leur train de vie n'est plus le même.

Avant, les signes extérieurs de richesse, de réussite, chez une « idole », c'était quoi ? Une voiture somptueuse et toute une cour autour de soi, des vêtements de scène très voyants, et une maison de campagne opulente. L'idole était toujours sur la Côte d'Azur et on la voyait en hors-bord dans les journaux, ou en train de faire du ski nautique. Le « parcours » de la vedette, c'était Saint-Tropez, puis une station de sports d'hiver assez chic, genre Courchevel, sans oublier quelques endroits « in » à Paris... C'était une vie très spectaculaire, avec gardes du corps et tout...

Aujourd'hui, ce n'est plus ça. Pour beaucoup, aller faire la fête chez Eddie Barclay ou jouer aux boules place des Lices devant les photographes de *Paris-Match* ou *Jours de France*, c'est démodé.

Aujourd'hui, c'est le jour et la nuit, côté standing. Aujourd'hui, les stars gèrent leur argent. Ils le placent, contrairement à un Johnny qui claquait tout. Ce qui me frappe chez Goldman, par exemple, c'est que je l'ai toujours connu avec le même tee-shirt, le même jean et le même blouson. Il roule en 205 automatique quatre portes, qui est la voiture de sa femme. La 205 de Monsieur-tout-le-monde. Yves Duteil aussi roule avec la voiture de Monsieur-tout-le-monde.

D'ailleurs, de plus en plus, les stars sont sur scène comme elles sont dans la vie, elles gardent la même tenue vestimentaire. Goldman sur scène est habillé comme en coulisses. Renaud, Jean-Luc Lahaye, c'est la même chose. Ce sont des antistars qui, physiquement, dans leurs propos, dans leur façon de vivre, malgré leur succès, vivent comme Monsieur-tout-le-monde. Ils sont plus « potes » que stars. Ils sont plus simples, moins mythiques, moins inaccessibles...

Leur nouveau rapport à la scène vient du fait que les galas, eux non plus, ne sont plus « comme avant » : ils se font de plus en plus rares. Les grandes tournées d'été, style Hallyday qui faisait la une de *France-Soir* parce qu'il y avait eu des bagarres, toute une ambiance, c'est fini. La télévision a tué les galas. A force de voir les stars à la télé, les gens n'ont plus envie « d'aller les voir ».

Alors, tout cela, tout ce contexte, rend les artistes plus lucides. Les idoles des années soixante baignaient dans une sorte d'insouciance. Elles vivaient au jour le jour, ne pensaient pas au lendemain. Leur rôle était de faire rêver. Claude François arrivait avec ses paillettes et ses claudettes... Aujourd'hui, les vedettes analysent beaucoup, réfléchissent, sont devenues des gens très raisonneurs, ils font attention à tout. C'est presque du marketing individuel. On ne sort pas un disque n'importe comment, n'importe quand. Il y a tout un plan d'attaque, pour savoir quelle promotion il faut mener en fonction de chaque titre, quelles sont les émissions-télé qu'il faut privilégier. C'est un vrai souci, pour le chanteur d'aujourd'hui. Ça le préoccupe à ce point que chaque succès devient une inquiétude supplémentaire...

La nouvelle génération ne vit plus pleinement le bonheur d'être vedette, comme l'ont vécu Sheila ou Richard Anthony dans les sixties... C'est un grand changement dû à un bouleversement du paysage artistique et médiatique. Dû à la crise générale aussi, économique et sociale. L'incertitude face à l'avenir... On retrouve tout cela. La mort de l'insouciance est ce qui caractérise le plus, à mon avis, les années que l'on traverse. Cette fin des années quatre-vingt. Qui n'est pas inquiet, par les temps qui courent ? Les chanteurs le sont aussi.

Ça va tellement vite... Le public consomme tellement de clips, d'émissions, donc de chansons, que la carrière d'un chanteur est avalée, digérée, en moins que rien s'il ne prend pas soin de l'alimenter constamment. Regardez comme une maison de disques découpe un album en rondelles afin d'en tirer le maximum de tubes. Rien n'est laissé au hasard, il n'y a pas de petites économies, on ne néglige rien, on ne jette rien. C'est une nouvelle façon de gérer, de vivre le star-system...

Cette exploitation rigoureuse de chaque chanson, ou presque, à partir d'un même trente-trois tours, cela vient aussi d'une certaine crise des compositeurs. Crise de mélodies, crise de textes. Dans les années yé-yé, les idoles ne s'en faisaient pas pour leurs tubes qui leur tombaient du ciel. C'était le règne des adaptations à la pelle. Johnny, Eddy, Richard Anthony, reprenaient des succès anglo-saxons, source intarissable. Depuis, les Anglo-Saxons ont déferlé et l'on préfère l'original.

Alors, est arrivé le règne des auteurs-compositeurs-interprètes. Ceux-là représentent une nouvelle source d'inspiration, mais à usage interne, si je puis dire. Ils sont eux-mêmes leur propre source. Et la peur de sécher les amène à garder pour eux leurs partitions. Berger et Goldman écrivant pour Hallyday, c'est plutôt l'exception qui confirme cette nouvelle règle. Du coup, ceux qui ne sont qu'interprètes se sont retrouvés en manque de compositeurs. Regardez comme Nicole Croisille, Nicoletta, Isabelle Aubret, Sacha Distel, cherchent des chansons ! Une page a été tournée...

Jusqu'en 1970, les grands interprètes dépendaient de leur auteur-compositeur qui était leur façonnier, leur tailleur sur mesure. C'est très frappant de voir que des carrières comme celles de Bécaud, Macias, Sardou, Julien Clerc, sont indissociables d'une série de noms comme Pierre Delanoé, Jacques de Marny, Jacques Revaux, Etienne Roda-Gil, Jean-Loup Dabadie, qui sont des auteurs sans lesquels ces chanteurs n'auraient peut-être pas fait le même chemin... Ces accouplements, si je puis dire, ont produit des miracles ! Heureusement, il en existe encore, tel le concubinage créatif Souchon-Voulzy. Tous les deux se sont merveilleusement trouvés. C'est une sorte de mariage parfait.

Mais les autres ? Un certain nombre de jeunes auteurs ont préféré écrire pour eux-mêmes, ou pour des gens de leur âge, plutôt que pour des quadragénaires qu'ils estimaient non pas has been mais d'une autre génération. Résultat : les « anciens », les valeurs sûres, ne trouvent plus les chansons qui pourraient leur permettre de s'adapter, de poursuivre leur carrière. Quand on a la voix de Nicole Croisille, ou celle de Nicoletta, on sait tout faire. A condition d'avoir quelque chose à se mettre sous la corde vocale...

Oui, le règne des auteurs-compositeurs-interprètes a stoppé net la carrière des grands interprètes, qui n'ont pas pour autant perdu leur talent. Marcel Amont aussi bien que Gérard Lenormand, on ne les entend plus alors qu'ils ont chanté des choses magnifiques. On ne les entend plus à la télévision parce qu'ils ne sont plus dans « l'air », et je trouve ça dommage étant donné que les belles chansons ne se démodent pas ne vieillissent jamais. *Une femme avec toi* par Nicole Croisille, *la Ballade des gens heureux* par Gérard Lenormand, certains succès de Michel Delpech, de Daniel Guichard, ce sont des souvenirs qui ne s'effacent pas.

Alors, moi, je vais demander à ces artistes de venir

rechanter à « Champs-Elysées » les temps forts de leur répertoire, et l'on va voir que cela répond à un besoin du public. Le terrorisme du « Top 50 » va finir par lasser.

Je remarque que les « Champs-Elysées » qui ont atteint les meilleurs scores, cette année, ce sont mes « spéciaux », style Tino Rossi, Claude François, Joe Dassin... Et je vois bien que lorsque Charles Aznavour vient fredonner un soir *la Bohême, Sur ma vie, Paris au mois d'août* ou *la Mama,* il y a un frisson fantastique dans la salle.

Aznavour... C'est le roi des duos en direct à la télé. Vous savez, le duo qui ressuscite un ancien succès, justement. Un truc difficile à mettre au point, qui se répète un mois à l'avance, oui, un mois pour quatre minutes de chanson. Un duo, cela pose des problèmes de tonalité, d'orchestration, c'est tout un travail préalable en studio. Il faut que ce soit parfait. Eh bien, Aznavour est un as ! Une fois sur deux, dans les émissions dont Claude François était la vedette, il y avait un duo avec Aznavour. Tous les deux dans *Comme d'habitude...* Un régal. *My Way* version Aznavour...

J'ai visité avec Charles, pour RTL, la chambre de bonne de *la Bohême,* à Montmartre, où il chantait *Je m' voyais déjà* sans un rond en poche. Il avait les larmes aux yeux. Aznavour... Il est devenu une vedette mondiale avec, au départ, tout ce qui représentait un handicap : sa taille, sa voix, son visage. Aznavour, c'est le plus grand battant... C'est l'immigré indestructible-type qui ne s'avoue jamais battu. On lui doit beaucoup, il a su transmettre quelque chose, cette volonté... Et sa *Bohême* est une de ces chansons dont on ne se lasse pas, que l'on veut toujours réentendre.

Quand Trénet a attaqué *la Mer,* au cours du « Champs-Elysées » spécial chanson française, un autre grand frisson est passé... Trénet, il a fait 30 % d'audience. Et quand Serge Lama, à la rentrée 1987, vient rechanter *les Ballons rouges* ou *Je suis malade,* quel téléspectateur ne s'aperçoit-il pas, soudain, que ces chansons lui manquent ?

Ce que l'on appelle les « gold » à la radio — ces vieux succès qui sont de l'or en mémoire —, pourquoi cela n'existe-t-il pas à la télévision ? A l'époque de « Studio 1 », j'avais demandé à ce que l'on diffuse chaque matin une ou deux grandes chansons anciennes, et c'était ce qui obtenait le plus d'applaudissements dans le public. « Radio Nostalgie » a bien compris cette demande.

Il faut reconnaître, cela dit, que les chanteurs sont eux-mêmes un peu responsables de cette situation, de ce manque à la télévision. Ils sont un peu coupables, eux aussi. Souvent, ils ne veulent chanter que leur dernière « nouveauté », qui est moins forte, sur le coup. Ils ne veulent pas comprendre que ce serait plus porteur, pour eux, de faire précéder cette nouveauté d'un ancien tube que tout le monde peut reprendre... Souvent, les artistes sont réticents quand il s'agit de « revenir en arrière ».

Pensez-vous que si je contacte Marcel Amont pour qu'il rechante *Bleu blanc blond,* il sera ravi, il viendra en courant ? Ce n'est pas évident du tout ! Un artiste n'aime pas avoir l'impression qu'on le traite en ancien combattant à qui l'on demande de sortir de ses cartons d'anciennes chansons. C'est délicat...

Pourtant... Marcel Amont, quand j'y pense... L'homme qui a battu le record absolu de durée à Bobino : six mois ! L'injustice, pour lui, a été la vogue du 45 tours qui, dans les années soixante, a scié les pattes à ceux qui étaient d'abord des vedettes de scène. Le plus grand showman de sa génération, en France, aura été Marcel Amont. Malheureusement, on n'a jamais su monter sur son nom une véritable comédie musicale. A l'américaine... Aujourd'hui, Michel Lebb prend un peu la relève. Il a tout pour lui, il n'est pas seulement le comique qui crève le petit écran, il sait jouer le tombeur au théâtre, il sait faire le crooner, il parle anglais, il est cultivé. A la limite, son handicap, c'est qu'il est trop doué ! Le digne héritier de Jerry Lewis...

Oui, on revient toujours à ce mot : héritage... Nous avons des trésors que nous n'exploitons pas, des trésors de chansons. Je suis sûr que si l'on ressortait aujourd'hui un certain nombre de « chansons de toujours », même les gosses de quinze ans marcheraient. Lio a bien chanté *Marinella* au cours de mon spécial Tino Rossi ! Niagara a bien chanté *Y'a d' la joie* le soir où je recevais Trénet ! Lio connaît tout Brassens, et la chanteuse de Niagara tout Trénet. Saviez-vous que Brassens connaissait tout Tino Rossi ? Et que Balavoine connaissait tout Mariano ? Et regardez le succès du « Disque des records de la Chanson française », toutes générations confondues, réalisé par le producteur Paul Lederman... Avec Montand et Sardou, Piaf et Renaud, Brel et Hallyday, Francis Lemarque et Julien Clerc, sur les mêmes faces ! Sans parler de cette autre compilation de slows éternels, réalisée par le même Lederman, qui a fait un tel tabac en 1986 qu'un second double album est sorti pour l'été 1987. Avec François Deguelt et Freddie Mercury, Dean Martin et C. Jérôme sur le même bateau !

C'est pour toutes ces raisons que j'ai entamé ma saison 87-88 par un spécial Olympia. Plus de trente ans de chansons, d'hier et d'aujourd'hui, pour bien commencer cette année-télé, cette année clé.

Pour ce spécial Olympia, toutes les stars ont dit oui, toutes. Bécaud, Macias, Julien Clerc, Goldman,

Lama, Adamo, Fugain, Hallyday... Je nomme Bécaud en premier parce que c'est lui qui a inauguré les lieux, c'est lui qui a essuyé les plâtres de ce music-hall alors inconnu, ancien cinéma désaffecté auquel personne ne croyait plus. Depuis, Bécaud, il a fait vingt-quatre fois l'Olympia !

Oui, toutes les stars ont dit oui, alors qu'elles ne venaient pas promotionner une chanson récente, alors qu'elles ne venaient pas pour le service après-vente... C'était déjà, en soi, une victoire. La preuve que ces stars peuvent comprendre où est leur intérêt, au-delà de la simple défense de leur dernier disque...

Toutes ont dit oui et toutes voulaient chanter la chanson qui les a fait connaître à l'Olympia, ce qui m'a posé quelques problèmes... Si, toutes et tous, je les avais fait chanter, l'émission aurait duré vingt-quatre heures ! Deux heures et demie, c'était déjà un beau paquet-cadeau...

Toutes ces stars ont dit oui, enfin, parce que toutes ayant connu la célébrité dans cette salle mythique, le souvenir de ce moment-là est encore très fort en elles. Pouvoir revivre cet instant était une occasion exceptionnelle, inespérée... Alors, ne pouvant accueillir tout le monde sur scène, j'ai essayé de ménager les déceptions, les susceptibilités en faisant apparaître le plus de visages possible par le biais des documents, des archives. J'ai visionné plus de trente ans d'Olympia pour préparer l'émission. J'ai croisé Brel, j'ai croisé

Piaf, j'ai croisé les Beatles et Paul Anka. Oui, je les ai embrassées pour vous...

Mon rêve, à moi, c'était d'être sur la scène de l'Olympia, à l'endroit exact où sont passées toutes ces stars depuis tant d'années... J'ai pu le réaliser grâce à ce direct. Et j'ai pu me mettre « à la place » de tous ces chanteurs qui, au début de leur carrière, « s'y voyaient déjà » et, le jour venu, avaient les jambes en coton...

La plus spectaculaire ascension de l'Olympia, c'est celle de Sardou. Dans la même année 70-71, il a fait le lever de rideau avec deux chansons, puis est revenu en vedette américaine, c'est-à-dire en fin de première partie, enfin a eu droit à un troisième Olympia comme vedette complète ! Dans la même saison... Il est le seul à avoir accompli ça.

Et le tout jeune Marc Lavoine, qui a percé avec ses « yeux revolver »... Avant que le succès n'arrive, avant de monter, lui aussi, sur cette scène magique, il était placeur dans la salle ! Oui, placeur à l'Olympia, avec le petit tablier pour rendre la monnaie et le paquet de programmes qu'il vendait... Et il regardait ses aînés, sous les projecteurs, en se disant : un jour, peut-être...

Et qui n'a pas été présentateur-animateur à l'Olympia, entre deux passages d'artistes, devant le rideau baissé ? Jean-Marie Proslier, Jean Yanne et Jacques Martin, Poiret et Serrault...

L'Olympia, c'est une immense famille de souvenirs. Toutes les stars ont dit oui à ce « Champs-Elysées » spécial parce qu'elles avaient envie de retrouver une certaine chaleur... Cette salle a résisté aux espaces géants, plus froids, style Zénith, Palais des Congrès, Bercy, et je pense que beaucoup de vedettes auraient mieux fait de s'en tenir à elle plutôt que d'affronter ces temples fascinants... Sheila, au lieu de faire son come-back au Zénith, en 1985, aurait rempli l'Olympia pendant trois semaines. Et Henri Salvador aurait dû, lui aussi, faire sa rentrée à l'Olympia.

L'Olympia, c'est un climat particulier. Une sorte d'intimité y règne entre la scène et le public. Le public est près de l'artiste, et réciproquement. D'un comique, on voit tout, ses expressions, ses grimaces, le moindre de ses gestes. Tandis que dans une salle gigantesque, il faut des jumelles, c'est différent. Ces « maxi-salles », je comprends quand c'est Bowie, ou Madonna, ou Prince. Je comprends qu'ils viennent chanter pour 100 000 personnes. C'est une autre forme de spectacle.

Moi, je tenais à retrouver cette atmosphère de music-hall, de grande première, cette ambiance feutrée des belles soirées. Un peu comme cela avait été le cas lors de la retransmission des « Molières », une réussite. J'aime cette atmosphère de velours... C'est pour cela que j'avais tenu à ce que la salle de l'Olympia, ce soir-là, fût la plus chic possible. Je voulais qu'on retrouve ce côté salle de spectacle, ce côté scène parisienne, que la télé a du mal à recréer, s'efforce de moins en moins de retrouver... Ce plateau de l'Olympia, c'est sûr, j'ai voulu le démarquer au maximum des plateaux de la télévision commerciale qui, par définition, sont pollués par la publicité. A propos, vous imaginez ces deux heures et demie de chansons entrecoupées de spots pour un déodorant ou une marque de fromage ? La pub, ça abîme.

Et lorsque j'insiste sur le fait que ces stars ont accepté immédiatement de participer à ce spécial Olympia, c'est que cela m'a permis de constater que la plupart d'entre elles ont opté définitivement pour ce style d'émission en priorité. C'est un signe intéressant. Une indication précieuse sur ce qui va se passer à la télévision à partir de cette année 87-88. D'ores et déjà, une grande partie de ces artistes savent qu'ils seront mieux servis, mieux mis en valeur dans « Champs-Elysées » que sur certaines autres chaînes où, souvent, ils ne seront qu'un élément de faire-valoir, le jeu étant la vraie vedette de l'émission.

Oui, de Annie Cordy à Christophe Lambert, tous sont sensibles à cette possibilité que leur donne « Champs-Elysées » de faire leur métier, de pouvoir exprimer leur personnalité de chanteur ou d'acteur. Et non de faire de la figuration...

Annie Cordy — Christophe Lambert, quel trait d'union !

Les quelques fois où nous avons monté, Françoise Coquet et moi, une émission spéciale avec Annie Cordy, elle s'est entourée de gens très différents, venant du cinoche comme du café-théâtre, qui ont tous accouru pour faire des choses avec elle. Une vraie fête. La télé au service du spectacle tous azimuts. Vous savez, il y a deux Annie Cordy, il y a celle de *Tata Yoyo* pour les enfants et celle de *Rue haute,* superbe film primé aux Etats-Unis, ou du *Passager de la pluie* de René Clément, ou des films de Chabrol. Annie, elle réussit, un peu comme Serrault, à me faire sortir de mon image, m'entraînant dans des numéros avec elle. J'ai participé, pour un « Numéro 1 » des Carpentier, à un duo chanté et dansé que nous avions répété pendant un mois ! Pour elle, plus récemment, je me suis déguisé en clochard dans « Champs-Elysées »... Travailler avec Annie, c'est un bonheur. Si elle était née aux Etats-Unis, elle aurait fait une carrière à la Minelli. Annie Cordy, c'est un cas à part. C'est l'exemple parfait d'une artiste qui continue à mener sa barque hors du « Top 50 ».

Christophe Lambert, lui, je l'ai vu débuter avec Richard Anconina lors du tournage du *Bar du Téléphone.* Il jouait dans trois petites scènes... Un môme devenu « mondial » !

Priorité, donc, à l'épanouissement des artistes dans « Champs-Elysées ». Priorité, aussi, à certains lieux mettant en relief, si je puis dire, les invités. Des lieux aussi différents que les Antilles et le Japon, en passant par la tour Eiffel ! Noël sous les Tropiques, j'adore…

Le Japon, ce sera en 1988 avec Alain Delon que je n'avais pas reçu depuis cinq ans et qui est revenu cette année sur mon plateau pour présenter son premier clip. J'en ai été très heureux. Cinq ans, oui… Nous étions plus ou moins brouillés, comment expliquer ? C'est une sombre histoire sur laquelle nous ne nous étions jamais vraiment expliqués. Un malentendu concernant son passage aux « Rendez-vous du Dimanche » pour la sortie du film *Attention fragile* de Serge Leroy. Il pensait qu'il viendrait deux dimanches de suite, quelque chose comme ça, toujours est-il qu'il n'est pas venu du tout… Je savais que nous nous aimions bien mais Alain est quelqu'un qui se formalise beaucoup. C'est un personnage assez complexe, assez écorché vif. Quelqu'un d'assez fragile, finalement. Oui, « attention fragile »… Quelqu'un de beaucoup plus timide qu'on ne l'imagine… On a l'impression qu'on est en froid avec lui et puis, tout d'un coup, après des années, il se manifeste. Delon considère que les preuves d'amitié ne sont pas proportionnelles au nombre de coups de téléphone que l'on donne. Il a dans son horizon un certain nombre de personnes qu'il ne perd jamais de vue, même en silence...

Donc, il est réapparu sur mon plateau, à « Champs-Elysées », et l'on a des projets, dont ce spécial Japon que nous présenterons ensemble de là-bas. Au Japon, Delon est un dieu vivant.

Je tiens à ce principe des lieux qui fait voyager l'émission, y compris en restant à Paris comme pour la soirée consacrée à la tour Eiffel avec Julien Clerc. Pourquoi Julien ? Parce qu'il a épousé l'arrière-petite-fille de Gustave Eiffel...

Je suis un fan de la tour Eiffel. Je lui dis bonjour tous les matins de mon balcon. La tour Eiffel me fascine... C'est notre monument à nous, hommes de télévision. Elle tend au ciel la plus grande antenne de France... Et elle peut être l'objet de bagarres audiovisuelles comme pour l'obtemption de la 5 ! La tour Eiffel est notre relais. Sans elle...

Tout au sommet, enfermés dans un réduit derrière une porte blindée, il y a deux hommes qui se relaient, jour et nuit, et qui veillent sur la France des téléspectateurs. Ce sont deux techniciens de TDF, par lesquels tout passe, et qui contrôlent sans arrêt la bonne réception des émissions dans le pays... Juste à côté, il y a le bureau de Gustave

Eiffel où on « le » voit en train de discuter avec un ingénieur, grandeur nature, genre mannequin du musée Grévin...

Ce réduit, dans lequel se trouvent ces deux responsables de TDF, joue un rôle non négligeable dans mon roman *la Chaîne* puisque le personnage principal, Muller, un journaliste célèbre de télévision, s'y enferme, désespéré... Vous voyez à quel point cette tour m'obsède ! Mais on ne va pas raconter la suite, le livre va devenir une mini-série de quatre fois une heure pour Antenne 2, réalisée par Claude Faraldo, à partir d'une adaptation de Jacques Kirsner et moi-même, et avec Jean Carmet dans le rôle de Muller... Malheureusement, pour des raisons de sécurité, le piratage de l'antenne, dans le film, n'aura pas lieu dans ce petit cagibi haut perché de la tour mais aux Buttes-Chaumont. La direction de la tour Eiffel, en effet, n'a pas souhaité montrer ça à la télévision, de peur de donner des idées. Je suis d'accord.

Quoi qu'il en soit, la tour Eiffel fait partie de mon décor personnel. Pas seulement parce que j'habite à côté d'elle. Mais parce que c'est un lieu symbolique. Elle est, pour moi, le symbole de l'équilibre. Ces quatre pieds solidement implantés dans le sol et cette flèche qui monte... Quand il y a du vent, l'hiver, elle bouge, tout en haut. Mais elle garde les pieds sur terre !

Quand il y a du vent, dans le paysage audiovisuel

français, ça bouge, dans ma tête. Mais je reste les pieds sur terre...

C'est même ainsi, enraciné dans mes convictions profondes et fort de tous mes projets, que j'attends la nouvelle concurrence. J'en ai vu d'autres... « Champs-Elysées » aussi !

Oui, « Champs-Elysées » a connu, affronté, de nombreux concurrents, de toutes sortes, parfois ouragans menaçants, parfois montagnes accouchant d'un bide... Vous les voulez dans l'ordre chronologique ?

Ne parlons pas de « Droit de réponse » première manière, programmé à 20 h 30 sur TF 1. Ce n'était pas de la concurrence, ça tenait du coup de main involontaire ! Je faisais 40 % grâce à la contestation qui entourait alors l'émission de Polac.

Ensuite, il y a eu « Dallas » pendant deux ans. Du sérieux. Le « Dallas » de la grande époque, qui était au « top niveau », le « Dallas » qu'il fallait avoir regardé si on ne voulait pas faire débranché. Eh bien, malgré ça, « Champs-Elysées » a tenu bon.

Enfin, j'ai été pris en sandwich entre la « Série noire » d'un côté et le « Disney Channel » de l'autre, les polars de TF 1 et les petits Mickey de FR 3, sans oublier Guy Lux qui s'en mêlait l'hiver avec ses « Interglace »...

Résultat des courses : « Champs-Elysées » est resté en tête environ 235 fois sur 250. Avec 5 à 7 points d'avance. Non, je n'en tire aucune vanité, je ne fais pas le malin... Simplement ça permet de rester calme...

J.R., cela dit, c'est vrai, m'a donné de l'audimat à retordre ! Il a été un dur rival. Pendant la première heure du samedi soir. Car il faut comparer ce qui est comparable. Ce que je perdais éventuellement pendant les cinquante minutes de « Dallas », je le récupérais la deuxième heure. Mais tout de même, J.R. a été un adversaire entêté... Vous le connaissez... Un adversaire que j'ai fini par rencontrer !

C'était à l'occasion d'une photo avec Patrick Duffy, c'est-à-dire Bobby, réalisée sur les lieux du feuilleton par *Paris-Match* qui allait en faire sa couverture, style « le gentil Bobby et le gentil Drucker »... Larry Hagman, autrement dit J.R., était là, veillant à ce qu'on ne fasse pas de photo de lui avec moi parce que ça n'était pas prévu...

C'est un homme beaucoup plus séduisant dans la vie qu'à la télévision. Dans « Dallas », il porte une perruque, alors qu'en réalité il a des cheveux poivre et sel qui lui donnent une certaine allure. Il mesure 1,90 mètre et c'est le genre de gaillard, si vous ne faites pas attention, qui vous broie l'index quand vous lui serrez la main... Le Texan, quoi ! On s'est serrés la main... Pour lui, je n'étais rien, une petite vedette de télévision qui vient d'un pays qui pourrait être un timbre-poste…

Cette première fois, je suis resté deux jours et je suis allé sur le plateau de « Dallas » où j'ai pu voir comment se déroulait le tournage. Inimaginable !

C'est une véritable usine, ce feuilleton. Et les comédiens ont une vraie vie de fonctionnaires. Ils arrivent à 8 heures le matin, « *hello, hello* », plan de travail, maquillage, ils repartent à 7 heures du soir, cela dix mois par an, avec une heure pour déjeuner. Oui, une vie de bureau… Ça marche tout seul. Ça « tourne »… C'est très planifié. Pendant un certain nombre de semaines, ils ne font que des scènes en intérieur. Ensuite, pendant deux mois, ils rejoignent le ranch et ne font que des scènes en extérieur. Cette organisation du tournage va même plus loin ! Pendant deux jours, par exemple, ils ne tournent que des ouvertures de porte et des fermetures de porte, puis rien que des téléphones qu'on décroche et des téléphones qu'on raccroche, avec des tenues différentes. Pendant une journée, au ranch, c'est « arrivée de Mercedes, sortie de Mercedes ». Patrick Duffy m'a expliqué que durant huit heures d'affilée on le filme arrivant au ranch avec sa voiture de sport et repartant du ranch avec sa voiture de sport. Une fois avec chapeau, une fois sans chapeau. Une fois en jean, une fois en costume. Ou bien, ce ne sont que des plans du sacro-saint petit déjeuner au bord de la piscine. Des plans qui seront, par la suite, répartis sur un an d'épisodes environ. Ou bien, c'est J.R. se servant à boire et, donc, Hagman répétant ce geste pendant toute une journée, geste réinjecté plus tard dans le feuilleton en fonction de la demande, ici ou là... C'est un super-ordinateur qui stocke le tout et envoie les séquences au moment du montage, presque automatique... Il y a aussi le fameux plan-raccord de la tour Ewing ! Vous avez remarqué ? Chaque fois que la caméra remonte vers les fenêtres des bureaux, il y a un téléphone qui sonne... Le nombre de sonneries de téléphone !

Moi, j'ai assisté au tournage de scènes avec la maman. Elle entrait simplement pour dire : « Bobby, tu n'as pas vu J.R. ce matin ? » Et Bobby répondait : « Si, je crois qu'il est dans le bureau de papa. » Et pendant ce temps, Linda Gray et Victoria Principal — Sue Ellen et Pamela — attendaient leur tour... D'un ennui total ! Duffy en avait déjà marre, à l'époque. D'ailleurs, il est parti un an après. Bon, je sais bien qu'il est revenu, faute d'autres rôles intéressants ailleurs, prisonnier de son personnage en quelque sorte, mais je me souviens qu'à l'époque il parlait de redevenir charpentier, son métier d'origine. Duffy, c'est quelqu'un de très gentil, comme dans le feuilleton.

Larry Hagman, lui, c'est autre chose. Quelqu'un de très compliqué. Je l'ai revu quatre ans plus tard. Il se rappelait le reportage pour *Match*. Cette fois, c'était pour lui que j'étais là, pour elle et lui, pour Sue Ellen et J.R., pour préparer leur venue à « Champs-Elysées » ! Tout de suite, on fait une photo de nous trois, ils sont prêts à l'heure dite, bien sûr, puis je branche mon petit magnéto pour faire une interview d'eux, le tout pour *Télé-Star* et pour que ça paraisse au moment de l'émission. Ça se passe très bien. Linda Gray est charmante, je découvre qu'elle connaît très bien notre pays et surtout, surtout, que Larry Hagman connaît très bien la France ! Admirablement. Pour deux raisons : d'abord, il est le fils d'une grande chanteuse d'opérette anglaise, Mary Martin, toujours en vie, et qu'il suivait dans toutes ses tournées quand il était gamin. Ensuite, lorsqu'il a été engagé dans l'armée américaine, Hagman était animateur du théâtre des armées et allait distraire les G.I. dans les bases US en Europe ! Les bases américaines en France, il les a toutes faites. Et il fallait l'entendre me raconter Châteauroux, Orléans... Il a visité chaque coin de l'hexagone.

De retour à Paris, je parle incidemment de cela à Jacques Collard, qui dirige le restaurant de l'Espace Cardin — une de mes « cantines » —, et Jacques Collard, lui-même ancien comédien, m'amène le jour de l'émission un vieux programme d'une opérette jouée par Mary Martin où l'on voit, sur une photo, en tout petit, Larry Hagman ! Je lui ai offert ça en direct, il était bouleversé.

Cette émission avec J.R. et Sue Ellen est un grand souvenir mais elle n'a pas été facile à organiser. Larry Hagman, je vous l'ai dit, est quelqu'un de très complexe. Pour faire Los Angeles-New York puis New York-Paris, il exigeait le Concorde, et à deux conditions : d'être seul au premier rang et que personne ne fume dans l'avion ! Hagman ne supporte pas la cigarette et milite aux Etats-Unis en faveur des clubs antitabac, activité pas tout à fait innocente puisque, parallèlement, il commercialise un petit ventilateur portatif qui éloigne la fumée de votre voisin et a pour marque « Larry Hagman » ! Donc, il voulait cette garantie d'un Concorde sans fumeur et le premier rang pour lui... Les responsables de *Télé-Star,* qui s'occupaient de ça avec nous, ont trouvé un arrangement.

Arrivée à Paris. Je vais les attendre. Ils débarquent, rayonnants. Il avait dit : pas de photographes ! Il y en a trente-cinq, il est piégé, il ne bronche pas. On va dans le salon d'accueil, c'est la ruée. Ils se laissent mitrailler, tout sourire.

Pendant ce temps, le Concorde se vide de ses derniers passagers, dans l'indifférence générale. Parmi eux : Giscard, que personne ne remarque. Giscard, qui vient récupérer tout seul sa valise, sans qu'aucun des trente-cinq reporters ne l'aperçoive.

Moi, je le vois, au loin. Un ancien président de la Répubique dans un aéroport, seul...

Larry Hagman, lui, demande des gardes du corps. Il réclame soudain une protection, deux voitures, une devant la Limousine, l'autre derrière. La panique... Finalement, on arrive au Plazza. Là, il veut savoir tout de suite où sont les issues de secours. Il ne veut pas sortir par l'avenue Montaigne mais par une petite porte, derrière. Enfin, un truc incroyable... Larry Hagman est un fou, et cela s'explique, évidemment. « Dallas » étant diffusé dans le monde entier, il ne peut plus mettre un pied dans la rue. Où qu'il soit, on le reconnaît. Qu'il se trouve à Tokyo, au Portugal ou en Allemagne... Tout le monde l'appelle J.R., le rôle a complètement déteint sur lui, et il se fait traiter de salaud à longueur de journée ! Les gens sont antipathiques avec lui parce qu'ils pensent que la série continue, dans la vie... Linda Gray-Sue Ellen subit aussi les conséquences du succès mondial de « Dallas ». Vous pensez... Elle m'a raconté qu'un jour, une femme lui a demandé dans la rue : « Est-ce que vous buvez moins ? » Et c'est ça tout le temps. De quoi devenir fou, en effet.

Au bout du compte, l'émission a été formidable. En grand professionnel qu'il est, Larry Hagman avait trouvé le temps d'aller acheter un chapeau texan, qu'il m'a offert le soir, sur le plateau. Et moi, comme je savais que c'est un passionné de couvre-chefs anciens ou rares, je lui ai fait cadeau d'un casque de la Garde républicaine, qui manquait à son extraordinaire collection. Il a été très touché et j'ai enfin lu une certaine émotion sur son visage. Il a été pris de court, je l'ai senti à plusieurs reprises, par cette part d'improvisation que j'essaie de ménager, contrairement à la rigidité américaine du « tout préparé ». C'était ma manière à moi de le surprendre, de le désarmer enfin, lui qui avait été mon plus dur rival ! J.R. à « Champs-Elysées »... Une manière d'avoir le dernier mot...

Cette concurrence avec « Dallas », avec tout ce que représente « Dallas » — l'hyper-télévision commerciale, la télé privée américaine — m'a rôdé. Je suis prêt à d'autres bras de fer, après celui-là. La concurrence n'est pas une notion abstraite, que je décrypte... La concurrence est quelque chose de familier, pour moi, qui me stimule, me fait rebondir. J'aime les challenges, comme on dit aujourd'hui.

Je me sens d'autant plus prêt que je suis désormais le producteur à 100 % de « Champs-Elysées », par l'intermédiaire de la société DMD [1]. Pendant un an, DMD a co-produit « Champs-Elysées » moitié-moitié avec Antenne 2. Maintenant, je suis entièrement

1. DMD : « Dany Michel Drucker »

producteur de l'émission. Ma société est indépendante. Antenne 2 m'achète « Champs-Elysées ». A un prix qui a légèrement augmenté. Le budget est beaucoup moins important que celui qu'on me proposait sur la Une ou la Cinq, mais il est en progrès de 20 %, l'émission passant de 120 à 150 millions de centimes. Lorsque j'ai décidé de rester à Antenne 2, c'est ce que j'ai demandé à son P.-D.G. Claude Contamine en contrepartie : une augmentation de ce budget et un statut de producteur indépendant auquel la chaîne passe commande, en lui favorisant certaines productions. Si vous voulez, j'ai « privatisé » mon « Champs-Elysées », je me suis « privatisé » à l'intérieur d'Antenne 2, à l'intérieur du service public. D'ailleurs, je reste client de la SFP, pour ce qui est de la fabrication technique. Ma façon à moi de m'adapter au nouveau contexte audiovisuel français, sans tout renier pour autant.

D'autres ont fait d'autres choix. L'important est de se sentir bien dans sa peau. Sébastien, Collaro, Sabatier, ont sans doute de bonnes raisons d'avoir pris les décisions qu'ils ont prises. Après tout, l'aventure d'une chaîne qui démarre, c'est quelque chose d'excitant.

Patrick Sébastien, je le retrouve donc en face de moi, le samedi soir sur la Cinq. Il est normal qu'il prenne quelques points à « Champs-Elysées », il va forcément en prendre puisque son show est une émission drôle. La difficulté, pour lui, va être de réussir chaque semaine le « Carnaval » qu'il proposait trois fois par an seulement sur TF 1. C'est une gageure extraordinaire et il faut avoir le talent de Sébastien pour tenter une telle performance !

Quant à Patrick Sabatier, on nous a mis en concurrence depuis si longtemps, lui et moi... A tort, d'ailleurs, car nous sommes très différents et n'avons pas les mêmes objectifs. Je n'ai jamais compris qu'on nous compare, tous les deux. Nous n'avons pas du tout le même « mental ».

Patrick, je le connais bien. Je suis même l'un de ceux qui le connaissent le mieux, ayant beaucoup contribué à son entrée à RTL, tout comme à son entrée à la télévision. A RTL, j'ai plaidé sa cause auprès de Roger Kreicher, alors responsable des programmes. Et je suis intervenu auprès d'Eliane Victor pour qu'il mette un pied à la télé, via les émissions pour la jeunesse. Il y a plus de dix ans de cela... Je crois qu'il s'en souvient. Oui, je suis un des artisans de son succès...

Une réussite comme la sienne, aussi spectaculaire, aussi évidente, cela ne se discute pas, cela se constate. Il est arrivé à Patrick ce qui m'est arrivé à moi : il a démarré jeune. Et il a une puissance de travail que j'admire

Pour moi, Sabatier est le digne successeur de Guy Lux, ou de Jean Nohain. Au sens positif. Il a compris que dans toute télévision, le concept fort d'une émission, c'est d'y mettre des choses fortes afin que le public soit touché très fort. Avec Patrick, ça va fort ! Cadeaux impressionnants, émotions garanties. Moi, je ne pourrais pas me transformer en « porte-bonheur » comme il y parvient, lui. Faire entrer la R5 gagnante dans la chaumière la plus chichement équipée, ça... Lui, il domine très bien la situation. Quelque part, il est beaucoup plus fonceur que moi. Il a l'efficacité-type d'un animateur de télévision privée. C'est un homme des sondages. Il est né avec ça, Patrick.

« Le Jeu de la vérité » était un jeu fort, très fort. C'était une émission très journalistique, sauf que les questions étaient posées par les téléspectateurs à qui l'on faisait porter le chapeau... Oui, très fort ! « Le Jeu de la vérité » permettait de poser, à des gens célèbres, des questions qu'aucun journaliste n'aurait jamais osées ! Avec la brutalité du téléphone et cette espèce d'anonymat qu'offre le fait de ne pas paraître à l'écran. « Le Jeu de la vérité », c'était « L'Heure de vérité » avec SVP pour journalistes...

Non, je n'ai pas regretté de ne pas en avoir eu l'idée avant lui. Je n'aurais pas pu faire cette émission. Ou je l'aurais faite sans le téléspectateur. « Le Jeu de la vérité », tel qu'il se présentait, permettait toutes les curiosités concernant la vie privée des stars, permettait d'étaler n'importe quoi par téléphone et moi, je n'aurais pas eu le sang-froid de Patrick. Lui, il savait à quoi il s'en tenait. D'ailleurs, il a vite été confronté aux limites du genre. Il a compris que beaucoup de personnalités ne se prêteraient jamais à ce jeu, et c'est très intelligemment qu'il a corrigé le tir en assurant lui-même l'interview, afin que des gens comme Noiret, Ventura, Belmondo, Montand, acceptent enfin son invitation... C'est devenu « Grand Public ».

Aujourd'hui, il change à nouveau. Il se lance dans une nouvelle série de rendez-vous, ailleurs... Et la seule erreur qu'on pourrait lui attribuer, c'est d'avoir pris le risque, pendant au moins un an, de perdre une grande partie du public qu'il avait sur TF1. Ça, je ne comprends pas très bien... Je ne comprends pas que, lorsqu'on a le privilège d'être seul sur son créneau, on file ailleurs le partager avec d'autres animateurs-vedette, sur une chaîne reçue à 50 % seulement... Oui, c'est un risque sérieux.

Quoi qu'il en soit, si erreur il y a, Patrick est suffisamment jeune pour pouvoir la corriger et revenir sur son précédent créneau à la première occasion. On peut se permettre davantage de digressions à trente-six ans qu'à quarante-cinq...

Et puis non, il ne faut pas parler d'erreur. Je suppose que Patrick a réfléchi. Il n'a pas pu prendre sa décision sur un coup de tête. Tout un ensemble de circonstances a dû jouer, il a peut-être considéré qu'il ne pouvait pas rester sur TF1, je ne sais pas.

Quoi qu'il en soit, là où Patrick est cohérent, c'est lorsqu'il dit : « Les carrières à la télévision, aujourd'hui, sont plus courtes qu'avant. » Sous-entendu : plus courtes que celles qui concernent ma propre génération. Il dit : « Ça ne durera peut-être pas. » Il pense que le vedettariat-télé est de plus en plus éphémère, fragile, incertain, de plus en plus superficiel, et que du jour au lendemain, plus que jamais, on peut se faire jeter du cercle magique... Donc, il décide de faire tout de suite ce qu'il faut pour assurer ses arrières et ça, qui peut lui en faire le reproche ?

Il n'est donc pas question de montrer du doigt ceux qui, comme lui, sont allés sur la 5.

Pas question de mettre de l'huile sur le feu et de monter les téléspectateurs contre ceux qui ont choisi une autre voie.

Ce serait trop facile !

Pas question de jouer les héros... Moi-même, j'ai été très tenté et mes négociations avec la 5 comme avec la Une ont duré un certain temps...

J'ai d'abord rencontré Silvio Berlusconi.

C'était par l'intermédiaire de son représentant en France, Angelo Codignoni, qui est venu me voir au cours de l'été 84 — l'été qui a précédé l'attribution de la 5 à Seydoux-Berlusconi début 85. Codignoni me dit : « Nous allons probablement avoir une chaîne de télévision en France. Une chaîne privée... Signore Berlusconi voudrait bâtir quelque chose avec vous, autour de vous... » J'étais libre, je venais de décider d'arrêter un an « Champs-Elysées », histoire de prendre un peu de recul, de me laisser vivre, d'attendre... J'étais sans contrat, sauf avec Europe 1 où il me restait une saison de « Studio 1 » à assurer. Je connaissais Berlusconi de réputation, je savais combien il avait fait souffrir la RAI et combien il s'était battu pour implanter la télévision privée en Italie. Je réponds à Codignoni : « C'est intéressant mais je voudrais quand même en savoir un petit peu plus. Voyons-nous quand vous aurez la concession... » C'est-à-dire quand vous aurez officiellement la cinquième chaîne...

Six mois plus tard, ils l'ont ! Et me rappellent : « M. Berlusconi veut vous voir à Milan. » J'accepte de me rendre là-bas. Quelque temps auparavant, mon frère aîné, Jean, a été nommé P.-D.G. d'Antenne 2.

Milan. Berlusconi chez lui. Villa sublime en banlieue. Goût exquis. Parc, tennis, sauna. Au bord de la piscine couverte, un mur d'écrans pour pouvoir continuer de regarder ses chaînes quand il se baigne... Berlusconi, c'est James Bond ! Dans le jardin, il y a une plateforme d'hélicoptère d'où il s'envole entre la poire et le fromage avant de revenir pour le café !

Visite aux studios. Je découvre une ruche extraordinaire, où l'on sent une vitesse d'intervention fantastique, une efficacité redoutable. Berlusconi a l'œil à tout. Là, il traverse un plateau et s'arrête au beau milieu pour faire remarquer que telle lumière ne va pas. Là, il intervient en pleine répétition de ballet pour signaler un défaut à l'ourlet d'une robe... Je découvre un homme qui maîtrise admirablement bien sa télé. Ancien musicien, saxophoniste et pianiste de bar, c'est un personnage insensé, grand séducteur. Le grand patron. Le pape. Et je reviens séduit, dans son avion personnel... Terriblement impressionné, prêt à y aller. A aller plus loin dans les négociations. Déjà, il me parle d'un budget qui représente le double, voire le triple de celui de « Champs-Elysées », pour un grand show du samedi soir...

Je rentre à Paris, tout rêveur, et je trouve un message de mon frère : « Désire te voir d'urgence. » Mon frère, P.-D.G. d'Antenne 2, veut que je reprenne « Champs-Elysées ». A l'époque, les Charlots occupaient le samedi soir et ne faisaient pas un tabac. « J'ai vraiment besoin que tu reviennes », m'explique mon frère. Et il m'était difficile de dire non... C'est une réaction affective que tout le monde peut comprendre. Berlusconi comprend : c'est un Italien, il a le sens de la famille, on ne refuse pas un service à son frère, l'argument est pour lui imparable... Très bien.

Je n'ai donc pas eu, cette première fois, à m'éterniser sur mes états d'âme. J'ai fait une croix sur la Cinq « de fait » et cela m'arrangeait. J'étais bien content que les choses se règlent d'elles-mêmes parce que, déjà, je pressentais quelque chose comme une tempête autour de la Cinq, des difficultés, je pressentais une bagarre politique, pas forcément autour de cet émetteur de la tour Eiffel comme ça s'est passé, mais enfin... J'ai dit oui à mon frère. Fin du premier épisode.

Je reprends donc « Champs-Elysées » et, pendant

ce temps, il se passe ce que vous savez : changement de majorité, la Cinq est « cassée », la C.N.C.L. remplace la Haute-Autorité, rebelote, on redistribue les cartes. Une nouvelle Cinq sort : avec Berlusconi toujours, mais Hersant devient son partenaire, et le patron.

Hersant... Je l'avais vu en 1986, juste avant de partir pour le Mundial. A ce moment-là, on parlait de lui pour la Une. Il m'avait reçu dans son bureau du *Figaro,* avenue Matignon. J'avais été frappé par le personnage, assez immobile physiquement, assez mystérieux — genre Howard Hughes que ses journalistes voient peu —, et assez chaleureux tout de même, l'œil bleu. Il m'avait demandé : « Qu'avez-vous envie de faire dans les années à venir ? Etes-vous marié avec votre frère ? » Il était assez direct. Il m'avait avoué qu'il regarde la télévision quatre heures par jour et avait fait preuve, à mes yeux, d'une bonne connaissance du média. Notre rencontre avait duré une heure et demie, et j'avais senti que le passionné de presse qu'il est avait envie d'une autre passion, et que cette autre passion, c'était cette nouvelle aventure de la télévision privée en France. J'avais été sensible à ce réel intérêt qu'il porte au petit écran. Un intérêt d'homme de communication, pas seulement de businessman. Nous avions donc décidé de nous revoir, à l'issue de cet entretien.

Quelques mois plus tard, donc, il se retrouve

finalement aux côtés de Berlusconi, à la tête de la nouvelle cinq. L'un et l'autre ayant, en quelque sorte, entrepris des discussions parallèles avec moi, cette double volonté de me débaucher ne fait maintenant plus qu'une... Ce qui clarifie la situation.

C'est à nouveau Berlusconi qui reprend l'initiative. On se revoit, mais à Paris. Il me refait les mêmes propositions incroyables : toute la chaîne construite autour de moi. Il me propose entre 250 et 300 millions de centimes par show, au rythme de quarante par an, pour une durée de trois à cinq ans, ce qui revient à faire tourner ma société à plein régime. Obtenant par la même occasion un statut de producteur indépendant, je suis assuré que ce budget, même géré de la façon la plus large, me laisse à moi quelque chose de considérable. Cela représentait ce que peuvent gagner des acteurs américains comme Stallone ou Brando. Un milliard par an... Il me propose de devenir un état dans l'état, avec talk-show quotidien si je veux... Je suis secoué. Je me pose des questions.

En même temps, Hachette me contacte aussi et là, je suis moins dépaysé. Je connais Jean-Luc Lagardère depuis vingt-cinq ans, puisque je l'ai vu sur les circuits automobiles. Europe 1 appartient désormais à Hachette... Je suis en terrain de connaissance. Je discute avec Lagardère, mais également avec ses deux proches collaborateurs, Yves Sabouret et Etienne Mougeotte, qui me « veulent » sur la Une, cette Une qu'ils sont sûrs d'emporter puisque toute la presse le dit… Ils pensent, eux aussi, à un grand show le samedi soir, avec un budget à peu près équivalent à celui que prévoit la cinq. Et à un talk-show quotidien. Je suis donc à cheval entre deux négociations reposant sur le même type de propositions. Sauf que Jean-Luc Lagardère souhaite, en plus, que je devienne son conseiller et m'offre un éventail non négligeable de possibilités de reconversion pour les quinze prochaines années, éventail qui ne me laisse pas indifférent, moi que l'avenir préoccupe constamment, moi que la reconversion inquiète depuis longtemps… Cet éventail touche aux activités du groupe Hachette, le cinéma, le livre, la radio, tout ce que j'aime. Avec le Racing en prime, l'équipe Matra dont Lagardère est le président. Du foot en prime !

J'avance dans les négociations avec eux. On commence à parler de devis, de budget, de contrat…

Parallèlement, je n'ai pas coupé les ponts avec Berlusconi, que je tiens au courant, comme convenu, de mes autres discussions avec d'autres partenaires éventuels. Tout comme je tiens au courant Claude Contamine, le nouveau P.-D.G. d'Antenne 2, qui succède à mon frère, et à qui je dis : « Je vous préviens, je discute avec la cinq et la future Une ! » J'essaie d'être régulier. Nous sommes fin mars-début avril 1987, mon contrat avec Antenne 2 se termine en juin…

A la limite, je suis en négociation avec les trois ! Les trois à la fois, tout en continuant d'assurer « Champs-Elysées ». Eprouvant.

Hachette me propose un pré-contrat, où figurent noir sur blanc les clauses que je viens de vous dire : émission le samedi soir avec un budget « estimé », talk-show quotidien, poste de conseiller, etc. Une vraie proposition. Une manière rigoureuse, pour Lagardère, Sabouret et Mougeotte, d'assurer leurs arrières en cas de victoire. Collaro, Sabatier, Ockrent ont également été sollicités — bien avant moi, d'ailleurs, car Yves Sabouret ne voulait rien me demander tant que mon frère était P.-D.G. d'Antenne 2, par correction. Collaro, Sabatier et Ockrent ont signé. Moi, je ne signe pas tout de suite, parce que je n'ai pas d'avocat, pas d'homme d'affaires autour de moi, non, je ne plaisante pas. Je ne suis pas spécialiste de ce genre de document, il faut que je m'organise. Que je consulte. Il faut que je prenne un avocat, donc, et un conseiller fiscal.

Bernard Pivot, lui non plus, n'a pas signé le pré-contrat préparé par Hachette, parce qu'il hésite. Tout comme il hésite à l'égard de la Cinq qui lui fait du pied... Bernard est un copain et nous passons un pacte : nous nous promettons de nous tenir au courant de tout. J'ai une grande confiance en lui, il est quelque part un modèle pour moi. Et je constate qu'il prend son temps.

Son problème, à lui, c'est la crainte de servir d'alibi culturel et d'être repoussé tard dans la nuit, alors que « Apostrophes » est à 21 h 30. Il est très attiré par la Cinq qui lui propose une espèce de talk-show quotidien — oui, à lui aussi ! — mais il a du mal à tourner la page. La fin d' « Apostrophes », qui est une institution, ça ne se décide pas comme ça ! Pour lui, cela signifie qu'une autre carrière commence. C'est un virage à prendre. Je comprends que ça mérite réflexion. Quant aux offres d'Hachette, ce que redoute Pivot, c'est de perdre son indépendance vis-à-vis des éditeurs. Le groupe Hachette a quand même une position dominante dans le domaine du livre...

Bref, nous échangeons régulièrement nos points de vue — nous avons déjeuné une fois chez Le Doyen et beaucoup parlé au téléphone —, et il me dit avec une loyauté extrême : « Ne perds pas de vue que mon intérêt n'est pas du tout le tien. Toi, tu as besoin d'énormes moyens pour être performant, ton émission est une émission de music-hall. Moi, il me suffira toujours de quatre chaises et de quelques assistantes... »

En fait, nous sommes tous les deux un peu perturbés par toutes ces sollicitations. Lui, ça l'empêche de lire tranquillement, moi ça m'empêche de préparer sérieusement mes « Champs-Elysées » Ça nous déstabilise. Nous sommes submergés de coups de téléphone de journalistes auxquels nous ne répondons pas...

Je consulte également Françoise Giroud, qui a la gentillesse de m'inviter à déjeuner. Je l'admire beaucoup. Son immense expérience est précieuse. Françoise Giroud est à l'origine de bien des carrières : Michèle Cotta, Catherine Nay. Elle a une intelligence des situations qui m'éclaire.

Pendant ce temps, du côté de la Cinq, on commence à s'impatienter. Il leur faut au moins une tête d'affiche pour démarrer enfin... Je revois Hersant qui me confirme que toutes les négociations que Berlusconi mène avec moi le sont en son nom. Il me confirme qu'il souhaite vivement que je vienne. Il me voit indécis. Je me risque alors à une promesse envers Berlusconi — qui est à Paris et que j'ai tous les jours au téléphone — en disant : « Je rejoindrai la Cinq si le contrat est vraiment conforme à tout ce qu'on m'a dit. » Sous entendu : si je suis vraiment indépendant, si je peux garder mon propre studio, si mon avocat et mon conseil fiscal confirment que tout cela est clair et net, qu'il n'y a pas de lézard dans cette jungle juridique...

On perd du temps parce que j'ai du boulot, il y a « Champs-Elysées », et eux commencent à trouver que mes états d'âme durent un peu. Et je dois reconnaître, après-coup, que je regrette finalement. Non pas de les avoir menés en bateau, mais de ne pas leur avoir dit tout de suite que je ne voulais pas aller sur la Cinq, que je n'arrivais pas à me décider...

Un pas en avant, un pas en arrière... La tentation et, en même temps, une certaine gêne quelque part... J'entends déjà le public se dire — compte tenu du fait que la Cinq n'est pas reçue aussi bien que la Deux, sur le plan technique — que je suis allé là-bas uniquement pour gagner plus d'argent. J'entends déjà ça et l'indécision persiste, dans ma tête.

Si bien que les jours passent et que la C.N.C.L. tranche en attribuant la Une à Bouygues, à la surprise générale ! Bouygues lui-même ne s'y attendait pas, on va s'en rendre compte par la suite...

Exit Hachette, donc. Consternation dans le groupe et, en même temps, situation plus simple pour moi : ou je fais le saut sur la Cinq ou je reste sur Antenne 2, puisque je ne connais personne de l'équipe Bouygues, mis à part Bernard Tapie.

La décision de la C.N.C.L. est tombée un samedi. Le samedi 4 avril exactement.

Le lundi et le mardi, je suis constamment au téléphone avec Berlusconi qui veut que je prenne une décision, m'assurant que la seule personne qu'il veut engager, en dehors de moi, c'est Collaro.

Le lundi suivant, le 13 — et ça, ça n'était pas prévu au programme ! —, je suis « convoqué » à déjeuner chez Bouygues...

Moi, j'ai un « Champs-Elysées » compliqué à faire

— le spécial Tino Rossi — et je dois partir prochainement pour une autre émission spéciale, aux Antilles. Tout cela devient fou.

Chez Bouygues, dans son appartement privé de la rue des Sablons, à Neuilly, c'est Marie-France Brière, toujours responsable des variétés sur la Une, qui m'accueille comme hôtesse de maison. Apparemment, elle fait partie de la nouvelle équipe. C'est « la petite fée de TF1 », comme l'appelle alors son nouveau P.-D.G. Présent également, Pascal Josephe, ex-bras droit d'Hervé Bourges, l'ex-P.-D.G., et excellent programmateur. Marie-France, qui est une copine même si je n'ai jamais travaillé avec elle, me présente Patrick Lelay... et je retrouve un copain d'enfance, comme je vous l'ai déjà raconté. Vous vous souvenez, c'est là qu'il me lance : « Alors, tu ne me tutoies plus ? » Fort de ces retrouvailles, Bouygues s'exclame vers moi : « Alors là, il n'est plus question que vous alliez ailleurs ! » Enfin, il y a Pierre Barret, « votre futur directeur général », comme me dit encore Bouygues. Pierre Barret a déjà été mon patron : c'est lui qui m'a engagé à Europe 1 pour « Studio 1 »...

Bref, je suis en famille, je ne peux pas mieux tomber, c'est l'euphorie. Bouygues ajoute : « Mon rêve, c'est de travailler avec vous. » Je réponds : « Ecoutez, je vais réfléchir. On va voir ça... »

Marie-France Brière me laisse entendre qu'elle n'a

pas l'intention de retenir Patrick Sabatier qui vient d'accorder à *Libération* une interview qui lui a fortement déplu. Dans cette interview, Sabatier annonçait qu'il voulait désormais avoir droit de regard sur la partie « variétés » de la chaîne, une manière de contester l'autorité de Marie-France...

Le déjeuner est agréable. Bernard Tapie arrive pour le café. Il est sidéré de voir que je tutoie Lelay. L'euphorie, je vous dis. Moi-même, je trouve ça fort sympathique. Rendez-vous est pris pour le jeudi 16, afin de parler un peu plus précisément d'un éventuel contrat.

Le mercredi, je revois Hersant et Berlusconi, oui, tous les deux, qui me disent : « Ecoutez, Michel, il faut vous décider ! On vous donne jusqu'à midi. » Je leur réponds : « J'ai une émission difficile à mettre au point, j'aurais voulu un peu de temps encore... Mais je comprends... Je vais vous rappeler... Entre midi et une heure. »

Je suis de plus en plus perturbé, je rentre chez moi en pensant que ça commence à bien faire, que ça fait des semaines et des semaines... A l'heure du déjeuner, dans un restaurant chinois, je téléphone et je dis à Silvio : « Je suis désolé, je ne peux pas vous donner de réponse maintenant. Je vais partir aux Antilles, laissez-moi quinze jours. » Et Berlusconi : « Malheureusement, je crois qu'on ne pourra pas attendre, car nous avons la chaîne depuis un mois et il est très important pour nous, pour les annonceurs, que nous donnions des noms. » Très bien.

Le soir même, il y a la grande fête de la Une aux Pyramides. Les adieux de Bourges. L'arrivée de Bouygues. En direct sur la chaîne. Le grand ramdam… J'y vais. Il y a un monde fou. Je vois Tapie, très « sur les charbons ardents ». Je vois Stéphane Collaro qui me dit : « Je ne sais pas ce que je vais faire. J'ai besoin d'un mois de réfléxion. » Je vois Patrick Sabatier, avec qui je n'ai pas le temps de parler parce qu'il présente les festivités sur scène. Tous les deux, Collaro et Sabatier, étaient sous pré-contrat avec Hachette. Ils sont donc libres, et je les sens déconcertés.

Le lendemain, le jeudi, Lelay me soumet pour la Une un projet de contrat qui est un mélange de ce que me proposaient Hachette et la Cinq. Il me presse à son tour, c'est normal. Et je suis embêté à nouveau, c'est délicat. Ce copain d'enfance n'est pas, n'est plus, un interlocuteur comme les autres. La corde sensible joue d'elle-même. C'est vrai, on ne se voyait plus, c'est vrai, je ne l'avais même pas reconnu, mais négocier avec quelqu'un qui vous parle de votre père, de votre mère, de Plémet, c'est plus facile et en même temps c'est un piège…

Evidemment, on s'entend très bien et un établissement de contrat est décidé.

Mais voilà que le lendemain, c'est l'annonce-surprise de la démission de Marie-France Brière, qui va être suivie, dès le début de la semaine à venir, de l'annonce des départs de Collaro et de Sabatier. Sans oublier la « révocation » soudaine de Pierre Barret, qui devait être le directeur général de TF1 privatisée. Autrement dit, deux des éléments qui assistaient à ce déjeuner du 13 chez Bouygues, ne font déjà plus partie de la chaîne, quatre jours après ! Bizarre... Mystérieux... Bientôt, c'est Pascal Josephe qui quittera le navire. Au total, trois responsables « volatilisés » ! Drôle d'impression... J'essaie de savoir ce qui se passe, ça me trouble beaucoup. La liste des transferts s'allonge de plus en plus. Chaque jour, la presse annonce un nouveau départ de TF1 vers la Cinq. Après Brière, Collaro, Sabatier, c'est Sébastien qui rejoint à son tour Hersant-Berlusconi ! Sans compter Philippe Bouvard dont l'arrivée sur la Cinq, cela dit, est plus logique puisque Philippe vient de reprendre la direction de *France-Soir* et a déjà un pied dans la Maison Hersant...

C'est une véritable hémorragie pour la Une. D'une certaine manière, je me dis que je n'ai plus rien à regretter pour la Cinq. Les autres ont choisi pour moi...

De la même façon que mes hésitations à l'égard d'Hachette tenaient au fait qu'il y avait déjà beaucoup de vedettes sous pré-contrat, le même problème se serait désormais posé pour la Cinq. Non, je ne regrette rien. D'autant moins qu'on commence à parler d'argent dans les journaux, de salaires explosifs.

Résultat des courses : il n'y a plus personne, ou presque, sur la Une, la voie est libre ! Il ne tient plus qu'à moi de m'y installer et de combler les cases vides... Mon contrat avec TF 1 est prêt, revu, relu, par mon avocat et mon conseiller fiscal. Tout est en ordre. Patrick Lelay, descendu à Cannes pour le MIP-TV, doit rentrer spécialement à Paris le samedi, le 25, pour la signature. Sauf que...

Moi, la veille, le vendredi, je n'ai pas fermé l'œil de la nuit, ça ne va pas, j'ai des doutes. Le départ précipité de ces stars, le « renvoi » brusque de Barret, tout cela me tracasse. Je me dis qu'il y a quelque chose qui ne colle pas là-dedans.

La démission de Marie-France Brière, je commence à me l'expliquer : habituée à travailler en « circuit court décisionnel », c'est-à-dire à travailler en petit comité qui va vite, malgré la lourdeur du service public et grâce à Hervé Bourges qui avait réussi à être près des saltimbanques, près des émissions, elle a dû être effrayée par le style d'organigramme que préparait Bouygues à la tête de TF 1, organigramme compliqué, très chargé, très différent. Marie-France a compris aussitôt que Bouygues n'arrivait pas en tant que repreneur mais en tant qu'opérateur. Ce qui est le cas.

Et cela me rend perplexe, moi aussi...

Bref, ce vendredi 24 avril, je sens que « je ne le sens pas ». Et j'appelle Lelay à Cannes. Je lui dis : « Inutile de rentrer, je ne signe pas. » Je ne lui dis pas : attendons encore... Je lui dis : « Inutile... » Et un immense soulagement s'empare de moi.

Plus tard, Patrick m'avouera que ce coup de fil l'a assommé. Nous sommes quand même restés copains... Il reconnaîtra aussi que cette semaine du 17 au 24 avril aura été une semaine de folie totale pour Bouygues et lui, une semaine au cours de laquelle ils ont découvert que les vedettes de la Une n'avaient pas été verrouillées. Elles l'avaient été par Hachette, mais pas par eux. Peut-être parce qu'ils ne s'attendaient pas à gagner...

A peine ma décision prise, ce vendredi en fin d'après-midi, je file voir Claude Contamine, mon P.-D.G. à Antenne 2, à qui j'annonce la couleur : « Vous essayez, lui dis-je, dans la mesure de vos moyens, d'augmenter le budget de " Champs-Elysées ", vous faites de moi un producteur indépendant, vous favorisez ma société pour la production de certaines émissions, vous me cédez la suite du bail du Pavillon Gabriel, et je resigne à Antenne 2 pour un an. »

Un an que je me donne pour savoir si je serai capable d'affronter ce nouveau système qu'est le privé.

Une heure plus tard, Henri Pérez, directeur général adjoint de la chaîne, est dans mon bureau. Et je signe. Voilà. Ouf. Quelle histoire…

J'ai l'impression d'avoir vécu, déjà, plusieurs vies. Je n'ai pourtant que quarante-cinq ans. Pas encore l'âge de tourner la page…

Je sais seulement que je ne sais pas ce que je ferai dans un an. Je suis incapable de vous dire où je vais aller l'année prochaine…

Il n'est pas impossible qu'étant donné ce passé qui est le mien, étant donné mon « mental », mon profil, je découvre que je ne suis pas fait pour travailler dans le privé, pas fait pour me battre sur un terrain qui n'est déjà plus le mien. Qui est celui de la grosse cavalerie.

Ni avec Berlusconi ni avec Bouygues, en fin de compte, je n'ai pu obtenir le renseignement essentiel, c'est-à-dire connaître le poids réel de l'annonceur sur le programmateur, ce qui est capital, ce qui est déterminant. Je n'ai pas pu l'évaluer, m'en faire une idée précise.

Le danger, avec le privé, c'est que le téléspectateur soit « pensé » uniquement en terme de consommateur, et non en terme de... téléspectateur.

Le danger, avec le privé, c'est qu'une émission soit bâtie uniquement autour de la publicité, et non l'inverse. Je ne parviens pas à m'habituer à l'idée que le message publicitaire puisse devenir la chose la plus importante de l'émission.

Le danger, avec le privé, c'est que l'annonceur, qui finance ou cofinance, veuille avoir un droit de regard sur le contenu de l'émission. Il n'est jamais bon que le publicitaire se mêle du menu d'un show ou du sommaire d'un journal.

Ces dangers, ils seront peut-être conjurés, évités. On va voir. On n'a encore rien vu. Le rideau ne fait que se lever. Maintenant, le privé va montrer ce qu'il sait faire. Ce qu'il nous réserve. On ne peut pas encore juger. Il y a tellement de points d'interrogation ! Il est difficile de tirer des plans sur la comète. On repart à zéro. Le « PAF », pour moi, c'est le « Paysage Anéanti Franchement »... pour mieux être reconstruit. Enfin, je l'espère. Je veux rester optimiste, je suis comme ça.

Il ne faut peut-être pas s'arrêter, pas s'en tenir, à l'impression d'immense cafouillage de ces derniers mois. Cette impression d' « à peu près » — non, vous ne me ferez parler ni d'incompétence ni d'amateurisme, ce serait inexact —, cet « à peu près », donc, ne doit pas nous pousser à noircir le tableau. Ce séisme, qui a secoué, meurtri, l'audiovisuel français, a été si violent que les choses ne peuvent aller qu'en se calmant. Contrairement à ce que l'on croit, après cette agitation spectaculaire, je pense que le nouveau paysage va s'installer assez vite, va faire son trou sans tarder. Le « bordel », passez-moi l'expression, ce bordel qui a fait que j'ai décidé de ne pas bouger, c'est peut-être fini.

Au pire, cela prendra un an, un an et demi. Le temps d'examiner les premières réponses à toutes ces questions en suspens. Un an, un an et demi, pour que les choses se décantent tranquillement.

Fallait-il créer autant de chaînes généralistes ?

Y aura-t-il assez de publicité pour tout le monde ?

Pour certaines questions, il est trop tard, ce n'est plus l'heure.

Comment les téléspectateurs réagiront-ils au découpage intensif des émissions par la publicité ? Voilà qui est intéressant.

Comment les annonceurs auront-ils des renseignements suffisamment précis sur l'audience des chaînes à la minute près et sur le comportement des téléspectateurs devant leur poste ? Sur leur comportement, notamment, pendant la pub ? Voilà un casse-tête dont l'enjeu est capital.

L'obsession des publicitaires va être cette mesure la plus fiable possible de l'impact de leurs spots. Ce qui n'est pas simple. La publicité sur la chaînes privées va développer l'usage de la télécommande, va stimuler, encourager le « zapping », et pour les annonceurs, cela signifie : comment savoir si le téléspectateur ne change pas de chaîne quand la pub arrive ? Il ne suffit pas que le niveau sonore de la publicité soit nettement supérieur au niveau du son normal, comme c'est le cas — vous n'avez pas remarqué ? —, pour que le téléspectateur soit aspiré par les spots...

En Italie, Berlusconi a observé que lorsqu'il y a trop de pub, les gens s'en vont voir ailleurs. Alors, qu'est-ce qu'il a fait ? Sur les trois chaînes privées qu'il dirige, il a mis la pub au même moment. Impossible d'y échapper... A moins de basculer sur la chaîne publique...

En Italie aussi, le séisme du privé a été violent, vous le savez. Mais aujourd'hui, la RAI, chaîne publique, refait surface. Pourquoi ? Parce que là-bas, comme dans tous les pays qui ont connu, comme nous, cette secousse violente que représente l'apparition du privé, le système s'est ensuite régulé. Il ne faut donc pas être trop alarmiste. Il faut laisser au temps le soin de faire les choses...

Bien sûr, en France, il y a eu tous ces retournements de situation qui n'ont rien arrangé, dûs au calendrier de la vie politique.

L'idée de chaînes privées a été lancée par la gauche qui a manqué de méthode, puis au nom du libéralisme on a semé une sacrée pagaille. Tout de même, quand on y pense, on ne nous a rien épargné ! Qui aurait imaginé, il y a moins de trois ans, un tel scénario ? Qui aurait imaginé que celui qui allait mettre le feu aux poudres serait un professionnel venu de l'étranger, en l'occurrence un italien ? Qui aurait imaginé que le choix de la chaîne publique à privatiser se porterait sur celle qui symbolisait justement le service public, parce que la plus ancienne, la « première » ? Et qui aurait imaginé que le repreneur de cette chaîne ne serait pas un professionnel de la communication, alors que tous les groupes directement concernés se préparaient depuis des mois et des mois à cette échéance ? Oui, cela fait beaucoup de données nouvelles qu'il a fallu intégrer. Maintenant, il faut faire le tri.

Cela a montré, en tout cas, que cette immense réforme a été menée dans une sorte d'imprévoyance dont l'audiovisuel fait souvent les frais. Une fois encore, les politiques n'ont pas suffisamment consulté les professionnels. Une fois encore, les politiques ont voulu jouer tout seuls dans la cour de l'audiovisuel. Jamais un homme de terrain, un homme de télé, n'a été associé aux divers projets concernant l'arrivée de la télévision privée en France. Ni Pierre Bellemarre ni Guy Lux, aucun saltimbanque n'a été entendu. François Léotard ne nous a convoqués ni les uns ni les autres, ni Sabatier, ni Pivot, ni Chancel, ni moi... Les politiques ont voulu mener leur affaire sans nous, et voilà. Ils ont privatisé la chaîne qui n'était sans doute pas celle qu'il fallait, puis les choses se sont passées de telle façon que TF 1 a été accordée à des gens qui, jusqu'à preuve du contraire, ne connaissent pas l'appareil, connaissent mal l'univers audiovisuel, et vont être obligés d'apprendre le métier pendant un an.

D'ores et déjà, il est vrai, Bouygues et Lelay ont su corriger le tir en s'entourant de grands professionnels. Etienne Mougeotte connaît bien la télévision, Christian Dutoit connaît bien la télévision. Christine Ockrent connaît bien la télévision, Yves Mourousi aussi, tout comme Michèle Cotta et Anne Sinclair. Si, tous, savent s'organiser — car ça se bouscule un peu au portillon des responsabilités —, ils peuvent constituer une armée solide dans la guerre des chaînes qui a commencé.

Quant à la Cinq, le problème est de savoir combien de temps elle va mettre pour « arroser » l'ensemble du pays, techniquement parlant. Le fait est qu'elle semble bien équipée en hommes, dès le départ, compte tenu de l'expérience d'un Berlusconi et de celle des animateurs-vedettes. Je ne vois pas, cela dit, comment elle pourra maintenir les budgets d'émissions qu'elle pratique. Ce n'est pas viable économiquement.

Mais ce n'est pas mon problème, me direz-vous, et

je ne veux surtout pas prononcer de jugements hâtifs. Je déteste ça autant que les procès d'intention.

Ce que je veux dire, simplement, c'est que ce grand remue-ménage a illustré à nouveau, à son tour, les mauvaises relations entre les politiques et la télévision. Un problème vieux comme la télévision... Ils n'ont pas fait « n'importe quoi », non, mais ils n'en ont fait qu'à leur tête. Comme d'habitude. Il faudrait pourtant qu'ils comprennent, une bonne fois pour toutes, que lorsqu'on gagne les élections, on ne gagne pas la télévision en prime.

Les politiques ont tellement voulu changer la télé, d'ailleurs, que c'est la télé qui a fini par les changer... Les humoristes, notamment, ont bousculé à ce point le discours politique, l'ont à ce point tourné en dérision, que les grands leaders ont dû trouver un autre ton, se refaire une image, apprendre à communiquer. Cela, on le doit à Thierry Le Luron, d'abord, et au « Bébête Show » ensuite, sans oublier Pierre Douglas et ce petit génie de Jean Roucas. Aujourd'hui, lorsque les hommes politiques apparaissent sur le petit écran, on ne peut s'empêcher de penser à leurs drôles de « doublures ». Quand je vois Raymond Barre, je vois Babar. Quand je vois Mitterrand, je vois la grenouille. Quand je vois Krasucki... Pas vous ?

Cela n'a pas empêché les « victimes » de Thierry Le Luron d'assister à ses obsèques. Chirac, Giscard,

Barre... Ils sont même d'accord pour lui rendre un hommage-télé à « Champs-Elysées » à l'occasion du premier anniversaire de sa mort... C'est fairplay et c'est la preuve qu'ils ont évolué. Ils n'ont pas tellement d'autres solutions, me direz-vous. Electoralement, mieux vaut avoir de l'humour. Mais enfin... Les hommes politiques apprennent à s'adapter, tant mieux. Il leur reste à progresser dans leur approche de la télévision. Il leur reste à comprendre qu'ils doivent la laisser tranquille.

Nous entrons dans une année présidentielle et il ne faudrait pas que les conséquences de cette élection remettent tout le système à plat. Ce serait catastrophique. On a déjà assez perdu de mois et d'années.

Oui, puisqu'il faut vivre avec son temps, il n'y a plus de temps à perdre...

Moi, tout bonnement, je ne veux pas perdre le mien dans une télévision qui ne me conviendrait pas. Je ne veux pas passer mon temps à avoir seulement des problèmes de rentabilité. A ne me soucier que de rentabilité.

Oui, je me refuse à admettre qu'une émission est bonne quand elle fait un bon score et mauvaise quand elle fait un mauvais score, parce que ça n'est pas vrai.

Une bonne image est aussi forte qu'un bon sondage. L'image de marque, c'est important. Peu importe qu'une émission fasse 5 ou 6 % seulement d'audience si elle est notoirement reconnue comme une émission de qualité. Les bonnes émissions ne seront pas balayées par la télévision privée parce qu'elles resteront des références. C'est pour cela que je pense que le service public a une carte fantastique à jouer.

Le nouvel art de la télévision va être de réaliser la meilleur balance entre l'audience et « l'indice de satisfaction ». C'est mon intime conviction. Le problème est de savoir combien de temps vont prendre les publicitaires pour assimiler ça. La perte d'audience inévitable due à la multiplication des chaînes, à la concurrence, devra être contrebalancée par quelque chose. L'image... Ce n'est pas en mettant du « nu » dans « Champs-Elysées » que je marquerai des points, c'est en préservant l'image de marque de mon émission.

Si toutes les chaînes mettent, en même temps, la barre très bas, c'est le public lui-même qui va réagir. Au nom de la diversité.

Au nom, aussi, d'une attente légitime qui fera écho aux surenchères salariales d'avant l'été.

Au nom, enfin, d'un soi-disant « mieux disant... ». Encore que celui-là...

C'est à chacun son « mieux disant ».

Moi, j'en ai assez dit.

— Une dernière question, Michel Drucker. Vingt-cinq ans après, à mi-parcours, si c'était à refaire : médecine ou télévision ?

— Il y a deux ans, j'ai envisagé de me renseigner pour voir comment, sans baccalauréat, et sans aucun diplôme, je pouvais trouver un système d'équivalence ou d'enseignement accéléré qui me permette d'attaquer mes études de médecine. C'était un fantasme, de la folie pure. Mais ça me poursuit, que voulez-vous... Si la télévision m'a rapproché du métier pour lequel j'étais fait, ma vraie vocation, c'était la médecine.

Achevé d'imprimer en septembre 1987
sur presse CAMERON,
dans les ateliers de la S.E.P.C.
à Saint-Amand-Montrond (Cher)
pour le compte des Éditions Calmann-Lévy
3, rue Auber, Paris 9e
N° d'éditeur : 11307/01
N° d'imprimeur : 2202-1676
Dépôt légal : octobre 1987

10/[illegible]